教育部十二年國教新課綱 學習重點

整教學
3b5

依據國教院最新「國民小學科技教育及資訊教育課程發展參

課別	課程名稱	學習重點 - 學習表現
一	影像處理與Krita	資議 t-III-1　運用常見的資訊系統。 資議 t-III-2　運用資訊科技解決生活中的問題。 資議 a-III-1　理解資訊科技於日常生活之重要性。 藝術 1-III-2　能使用視覺元素和構成要素，探索創作歷程。 綜合 2d-III-1 運用美感與創意，解決生活問題，豐富生活內涵。
二	影像魔法合成秀	資議 a-III-4　展現學習資訊科技的正向態度。 藝術 1-III-6　能學習設計思考，進行創意發想和實作。 數學 s-III-7　認識平面圖形縮放的意義與應用。
三	大家來畫畫	資議 a-III-4　展現學習資訊科技的正向態度。 藝術 1-III-2　能使用視覺元素和構成要素，探索創作歷程。 數學 s-III-6　認識線對稱的意義與其推論。
四	我的表情貼	資議 t -III-2　運用資訊科技解決生活中的問題。 藝術 1-III-2　能使用視覺元素和構成要素，探索創作歷程。 綜合 2d-III-1 運用美感與創意，解決生活問題，豐富生活內涵。
五	防疫新生活	資議 t -III-2　運用資訊科技解決生活中的問題。 藝術 1-III-2　能使用視覺元素和構成要素，探索創作歷程。 健體 2b-III-1 認同健康的生活規範、態度與價值觀。
六	我的最愛動物	資議 a-III-4　展現學習資訊科技的正向態度。 藝術 1-III-2　能使用視覺元素和構成要素，探索創作歷程。 英語 4-III-3　能拼寫國小階段基本常用字詞。
七	永遠的好麻吉	資議 a-III-4　展現學習資訊科技的正向態度。 藝術 1-III-2　能使用視覺元素和構成要素，探索創作歷程。 綜合 1a-III-1 欣賞並接納自己與他人。
八	魚兒 Say Hello	資議 a-III-4　展現學習資訊科技的正向態度。 藝術 1-III-3　能學習多元媒材與技法，表現創作主題。 英語 4-III-3　能拼寫國小階段基本常用字詞。

本書學習資源

行動學習電子書

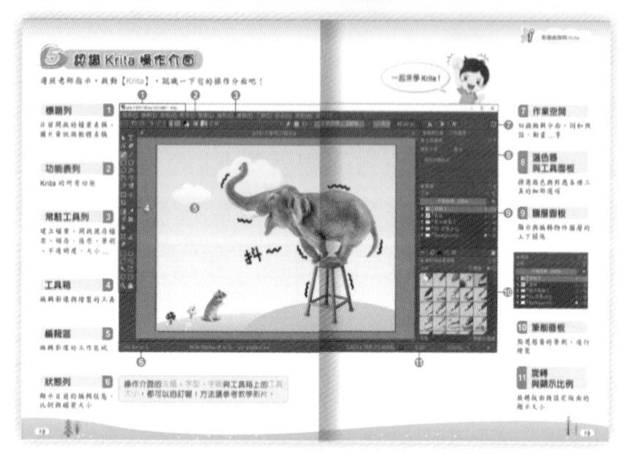

影音、動畫．高品質教學

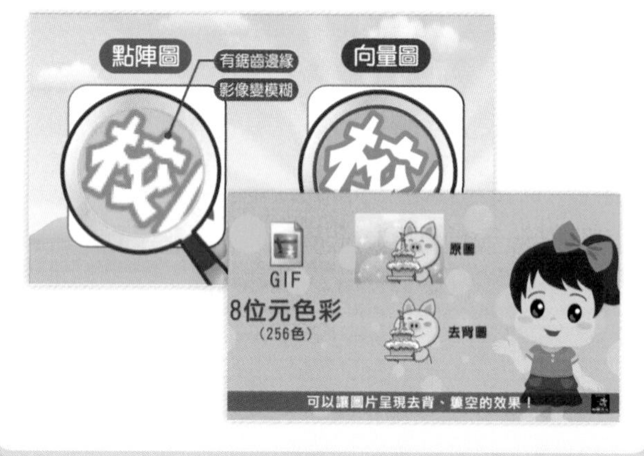

完全教學網站

單元	頁次	教學與學習活動
1-1	P08	無所不在的數位影像
1-2	P14	影像處理與電腦繪圖
1-3	P15	影像處理與繪圖軟體有哪些?
1-4	P16	用Krita可以什麼
1-5	P18	認識Krita操作介面
1-6	P20	小試身手-美化影像超簡單
	P30	練功囉

模擬介面．互動學習

測驗遊戲．總結性評量

根據十二年國教新課綱編寫，統整式課程設計。

理與 Krita

- 認識數位影像與來源
- 認識影像處理與電腦繪圖
- 認識Krita與操作介面
- 學會基本的美化影像技巧

全課播放

課程資源	播放檔	時間
學影片-取得合法免費圖片 字小畫家	▶	00:47
	▶	00:39
載 Krita	▶	01:14
	▶	03:08
識 Krita 介面	▶	03:22
	▶	06:21
驗遊戲	-	-

教學小工具 (可收合)

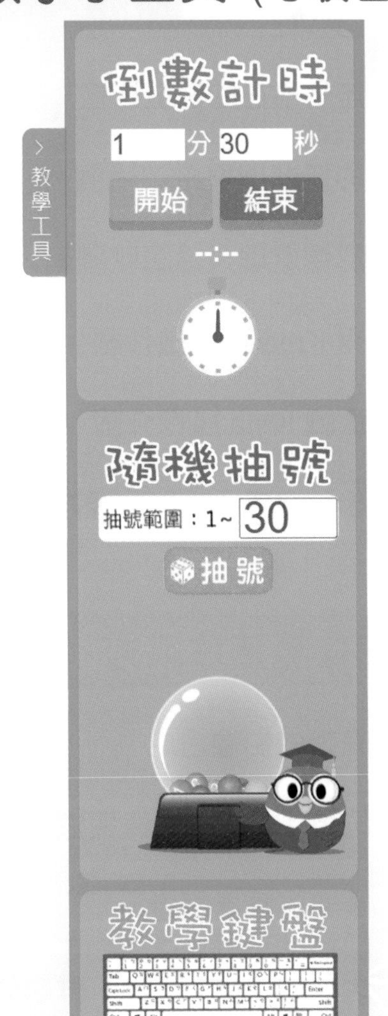

課程遊戲．高學習動機

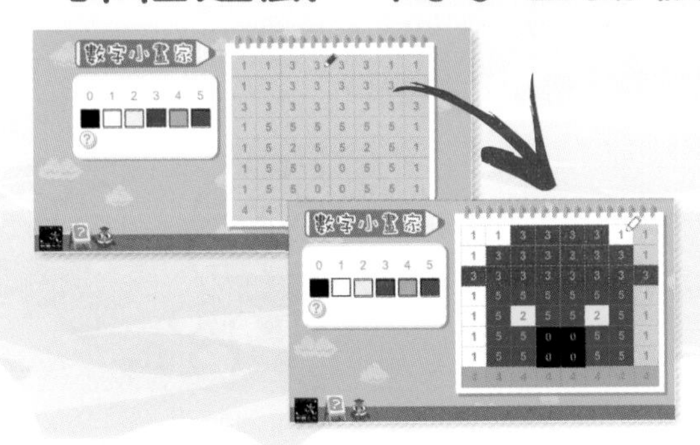

目錄

統整課程

1 影像處理與 Krita - 認識數位影像與 Krita

藝術 綜合

2 影像魔法合成秀 - 去背、扭曲、變形、合成與圖層

藝術 數學

3 大家來畫畫 - 描圖、上色與畫對稱圖案

藝術 數學

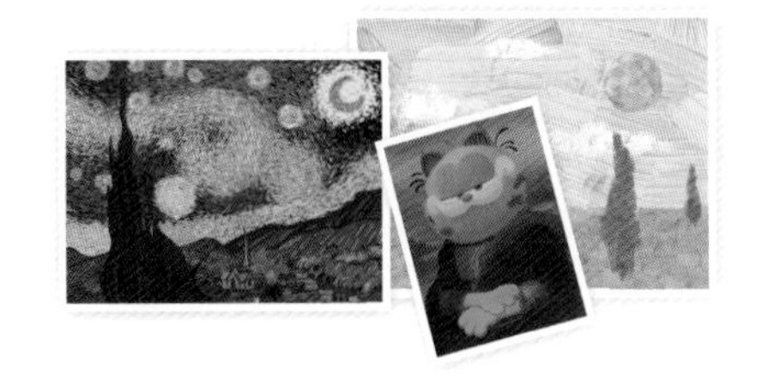

4 我的表情貼 - 向量繪圖

藝術 綜合

5 防疫新生活 - 特殊筆刷、邊框、文字與圖層樣式

藝術 健體

6 我的最愛動物 - 群組圖層運用與用遮罩自訂形狀

藝術 英語

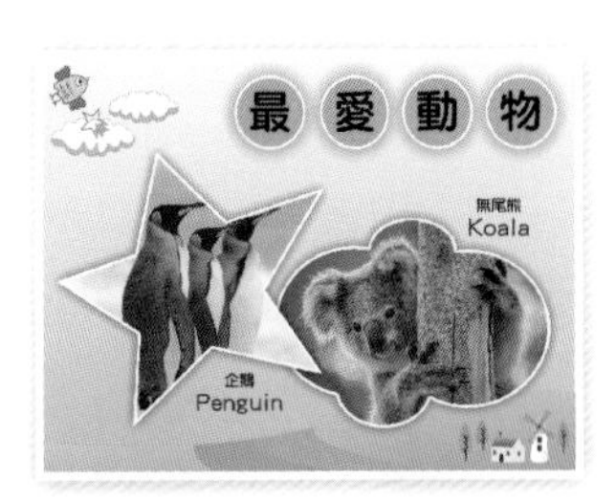

永遠的好麻吉 - 圖片鏤空、彩繪文字與倒影

8 魚兒 Say Hello - 編輯動畫與匯出

藝術

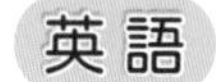

1 影像處理與 Krita

- 認識數位影像與 Krita

統整課程

藝術　綜合

核心概念

◎ 具備學習資訊科技的興趣

◎ 具備科技表達與運算思維的基本素養，並能運用基礎科技與邏輯符號進行人際溝通與概念表達

課程重點

◎ 認識數位影像與來源

◎ 認識影像處理與電腦繪圖

◎ 認識 Krita 與操作介面

◎ 學會基本的美化影像技巧

無所不在的數位影像

【數位影像】簡單地說，就是將影像以數位的方式保存，有利於影像的存取、修改與傳遞。在我們的生活中，其實到處都充滿了數位影像喔！例如：

手機

平板

想想看生活中，還有什麼是數位影像？

1. ______

2. ______

3. ______

電腦

電視

戶外液晶大螢幕

常見的數位影像來源

藉由以下的設備，可以拍攝數位影像、掃描傳統 (紙本) 影像，傳輸到電腦中；也能從市售的圖庫光碟、網路搜尋取得 (不可侵犯智慧財產權！)；另外，還可用影像處理、繪圖軟體來製作喔！

智慧型手機

數位相機

運動攝影機

網路攝影機

DV 攝影機

掃描器

圖庫光碟、網路搜尋

軟體編輯或繪製

同學們可以到【CC素材搜尋】網站，搜尋、取得合法且免費的圖片來使用喔！詳細步驟請參考教學影片。

拍照的技巧

想取得數位影像，最常用的就是以相機、手機來拍照，而拍照的時候要如何拍出好照片？有四個口訣！

手拿穩

雙手拿相機拍照、保持穩定！
若有三腳架或物件固定相機，那是最好。

光線夠

拍攝的環境光線要充足，必要時，可用閃光燈來補強光源。
也要避免螢幕中主角背對光源 (背光) 來拍攝。

對焦準

照相手機大多會自動對焦，務必等到主題影像變清晰 (或點一下主題進行對焦) 之後，再按下快門。

構圖佳

井字構圖 (三分法) 是基本的構圖法 。
沿著白線或在相交點佈置主角，能創造平衡的構圖，為相片賦予穩定感。

常見的數位影像檔案格式

拍照後，照片就會儲存成數位影像檔案，而數位影像檔案的格式繁多，用途也不盡相同。以下就是一些常見的數位影像格式與特點：

圖示	格式	透明背景	動畫支援	特　點
	jpg	X	X	最常見的格式，常見於數位相片
	gif	O	O	最常見於製作動畫，檔案容量小
	png	O	X	最常用於網頁製作，影像品質佳
	tif	O	X	常用於印刷輸出
	bmp	X	X	Windows 系統的標準影像格式

注意：因電腦安裝的軟體不同，顯示的圖示可能會不一樣喔！

數位影像依組成原理不同，除了【點陣圖】外，還有一種用繪圖軟體繪製的【向量圖】。常見的檔案格式是：SVG、CDR、AI...等等。

- 檔案小
- 適合繪製卡通、平面圖案
- 代表軟體：Inkscape、CorelDRAW、Illustrator...

像素 / 解析度與影像尺寸 / 列印尺寸

手機、相機拍的數位影像，性質都是【點陣圖】，關於點陣圖，有些專有名詞需要知道喔！它們是：

- **像素**：數位影像的計算單位 (放大顯示影像時，呈現的方格)。
- **解析度**：1英吋有多少【像素】(方格)。

一般而言，應用於網路的影像，只要解析度 72；如果應用於印刷品，則需要解析度 150~300 以上。

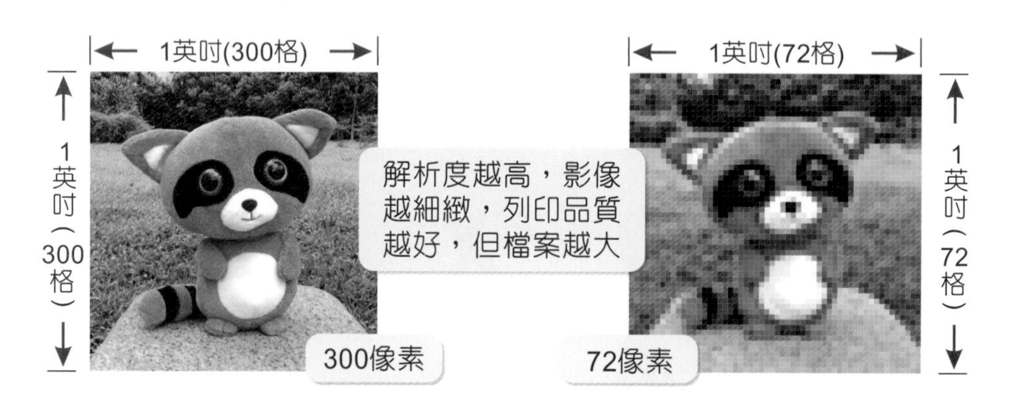

- **影像尺寸**：螢幕上顯示的大小，一般用的單位是【像素值 x 像素值】，例如【1024 x 768 像素】。
- **列印尺寸**：列印時的長寬，一般用的單位是【寬度 x 高度】，例如【15 x 10 公分】。

將 3 張相同解析度、不同影像尺寸的圖檔，拉大到相同列印尺寸，可比較出構成圖片的像素越少，細節就越不清楚，反之就越清楚。

數字小畫家

用電腦的邏輯來歸納、分析、解決問題，就是【運算思維】。
以【像素】來構成影像，也是遵循這個方式來完成的！
開啓【數字小畫家】，以遊戲來體驗一下，像素是如何變成影像的過程吧！

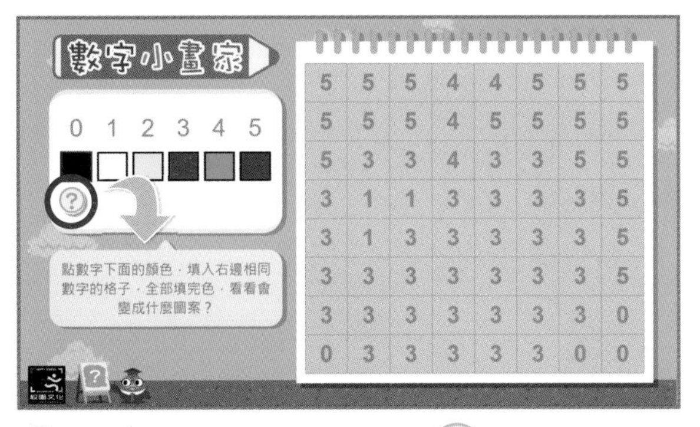

1 開啓遊戲後，按一下?，看看遊戲規則 (再按一下 ? 可關閉說明)

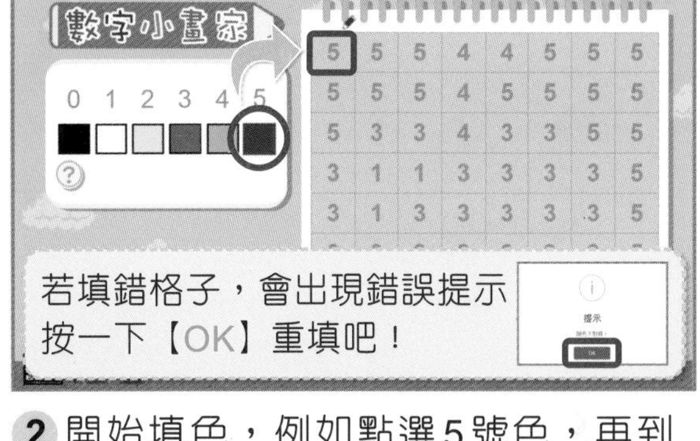

2 開始填色，例如點選5號色，再到右側5號格子點一下，即可填入指定顏色。

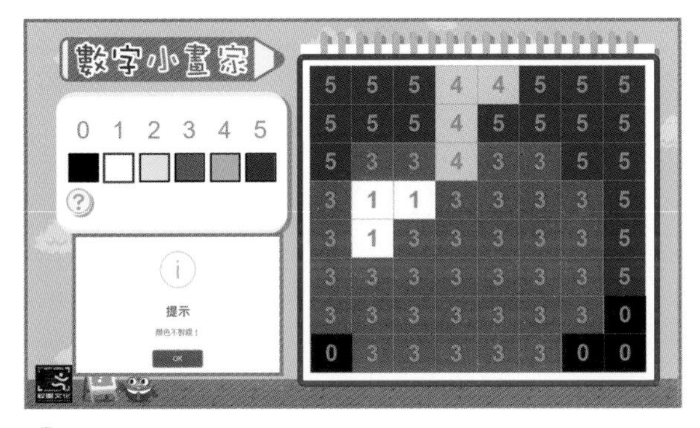

3 繼續填完 0、3、1 號格子。

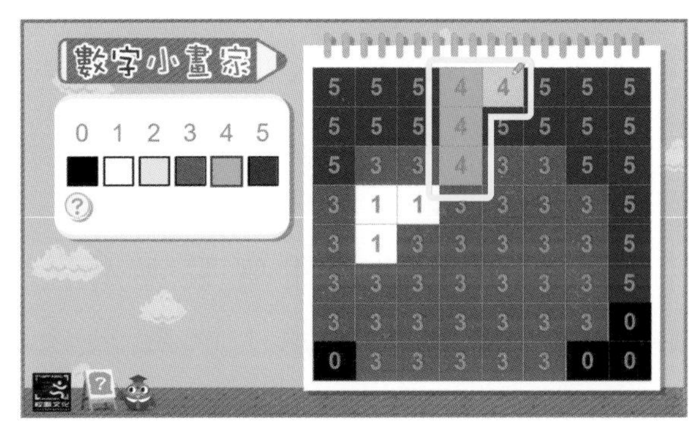

4 最後填完剩下的所有格子 (4 號)。

5 順利填完，出現答案！原來是蘋果呀！按一下【隱藏數字】可以看得更清楚影像的樣子！

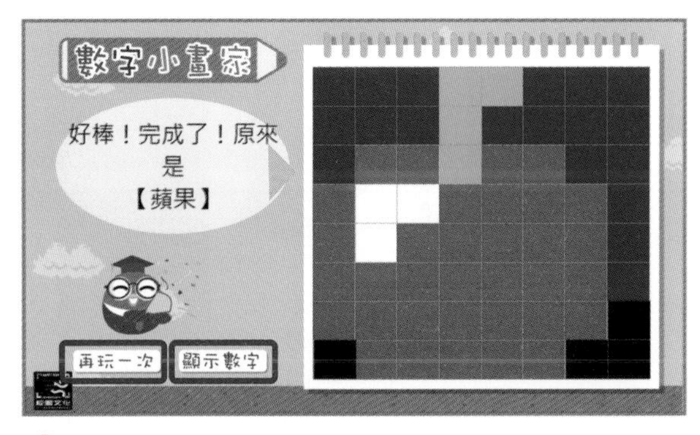

6 按【顯示數字】可再度顯示數字；按【再玩一次】可以繼續填出其他影像喔！

影像處理與電腦繪圖

【影像處理】就是對影像做擷取、美化、去背、合成加工、添加特效、文字...，讓影像變得更精彩漂亮、活潑有趣！

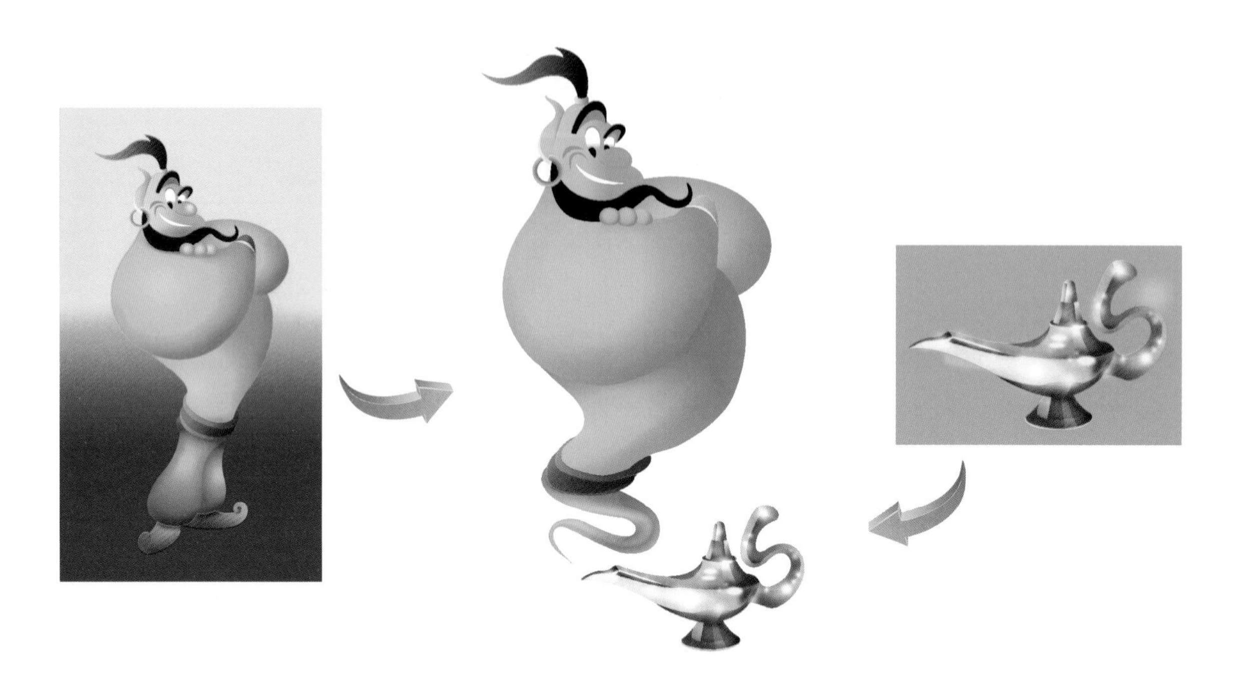

【電腦繪圖】就是用電腦與滑鼠，透過軟體來畫圖，完全不需要準備畫具、顏料、紙張，既輕鬆又環保！

用什麼軟體可以做影像處理與繪圖呢？

影像處理與繪圖軟體有哪些？

常見的影像處理與繪圖軟體很多，例如 Krita、PhotoCap、GIMP、Photoshop、光影魔術手...等。

PhotoCap

GIMP

Krita

- 免費合法使用
- 軟體取得容易
- 操作容易，而且相容性高
- 不僅可以做影像處理、繪圖，還能做 GIF 動畫

你可以到下列網站下載【Krita】：

本書光碟	校園學生資源網	老師的教學網站
光碟選單→軟體下載	good.eduweb.com.tw	位置：

下載後如何安裝，請看教學影片。

用 Krita 可以做什麼

發揮創意，搭配功能超多的 Krita，不僅可以畫出漂亮的畫作、做出超多影像處理作品！而且還可以做動畫喔！

美化影像

繪圖與圖案設計

影像去背與特效

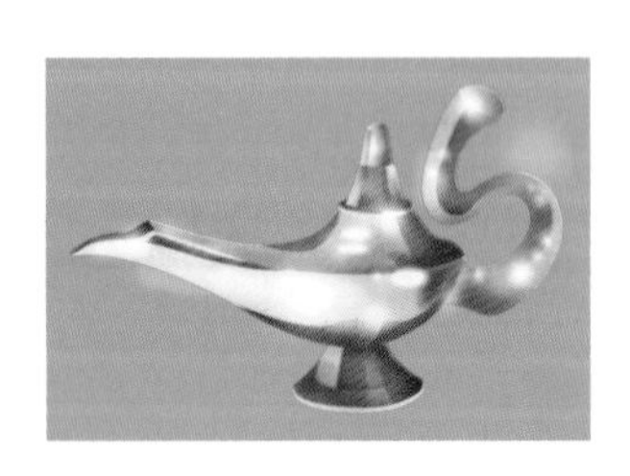

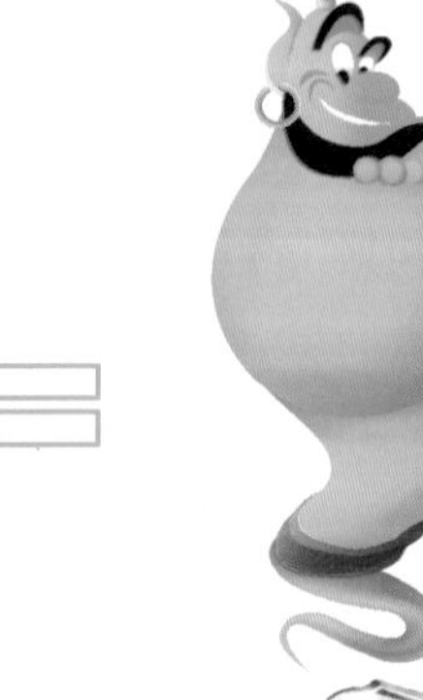

平面設計 (封面、宣傳單、海報 ...)

影像合成、創意影像與藝術字

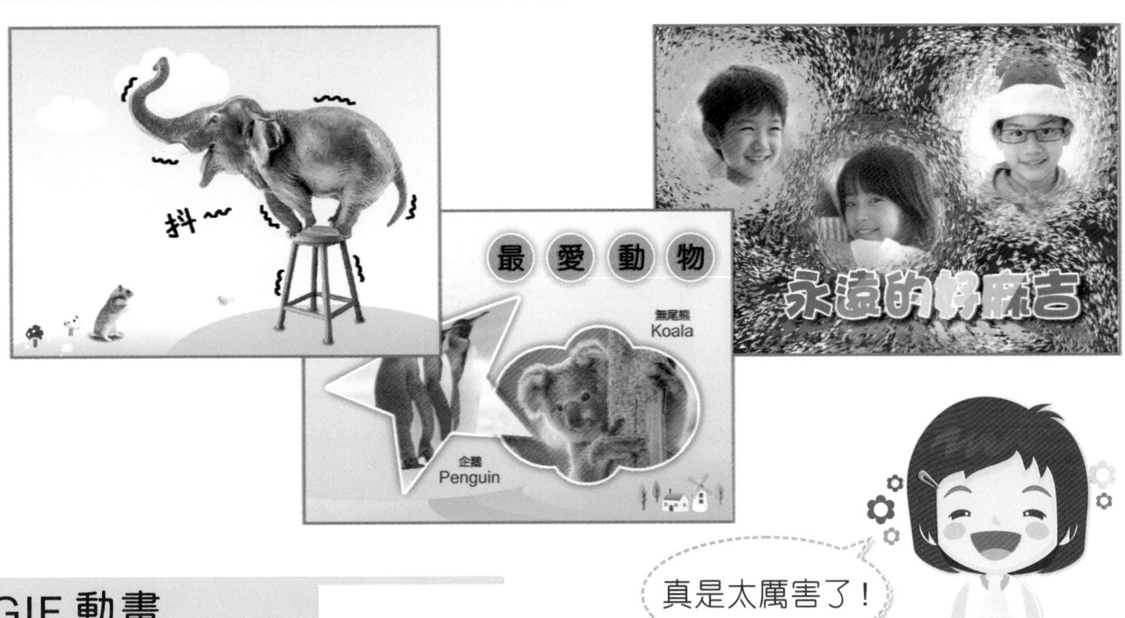

真是太厲害了！

GIF 動畫

認識 Krita 操作介面

遵照老師指示，啟動【Krita】，認識一下它的操作介面吧！

標題列 1

目前開啟的檔案名稱、圖片資訊與軟體名稱

功能表列 2

Krita 的所有功能

常駐工具列 3

建立檔案、開啟現存檔案、儲存、復原、筆刷、不透明度、大小...

工具箱 4

編輯影像與繪製的工具

編輯區 5

編輯影像的工作區域

狀態列 6

顯示目前的編輯狀態、比例與檔案大小

操作介面的主題、字型、字級與工具箱上的工具大小，都可以自訂喔！方法請參考教學影片。

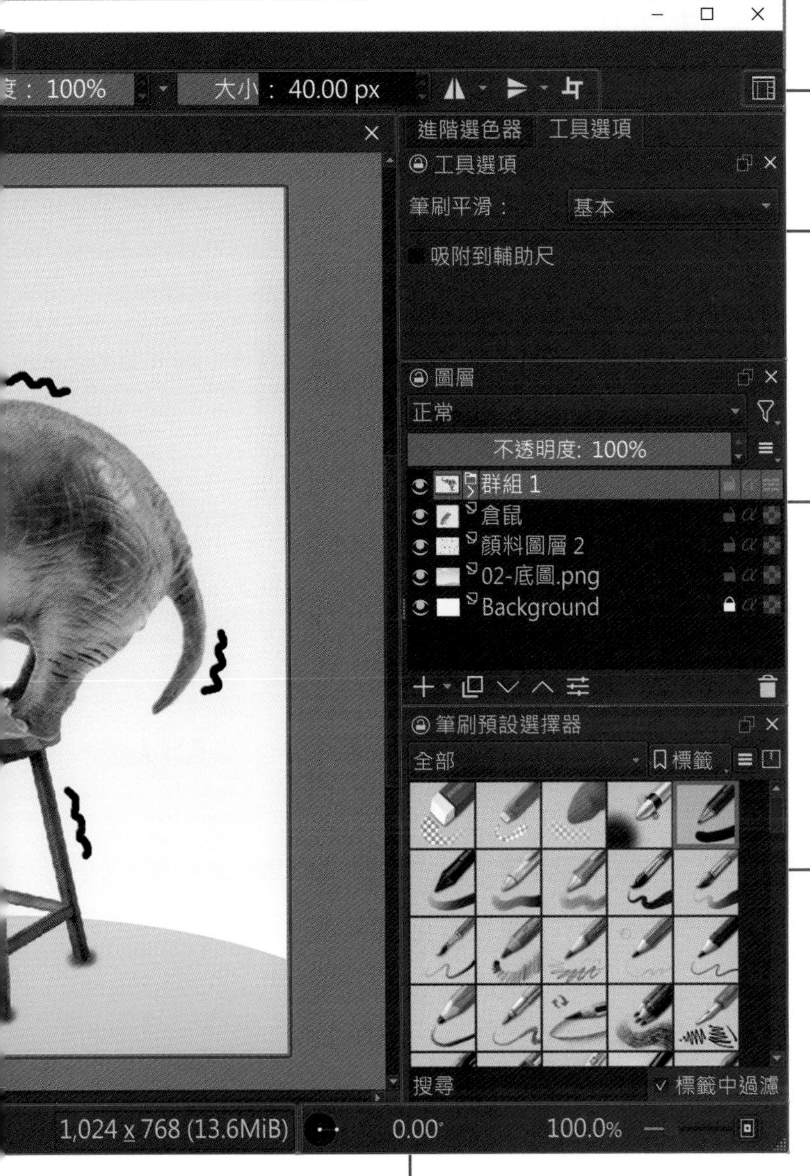

7 作業空間

切換編輯介面，例如預設、動畫 ...等

8 選色器與工具面板

揀選顏色與對應各種工具的細部選項

9 圖層面板

顯示與編輯物件圖層的上下關係

10 筆刷面板

點選想要的筆刷，進行繪製

11 旋轉與顯示比例

旋轉版面與設定版面的顯示大小

小試身手 - 美化影像超簡單

有些照片拍得不滿意，刪掉又太可惜，該怎麼辦呢？只要不是太嚴重的瑕疵，用 Krita 就可以進行修正、美化喔！來試試看吧！

裁切與影像減肥 (更改影像大小)

想重新構圖、想去掉不要的影像、或想一張裁成多張，都可以使用裁切功能；另外，若檔案太大，也可以透過更改影像大小來減肥喔！

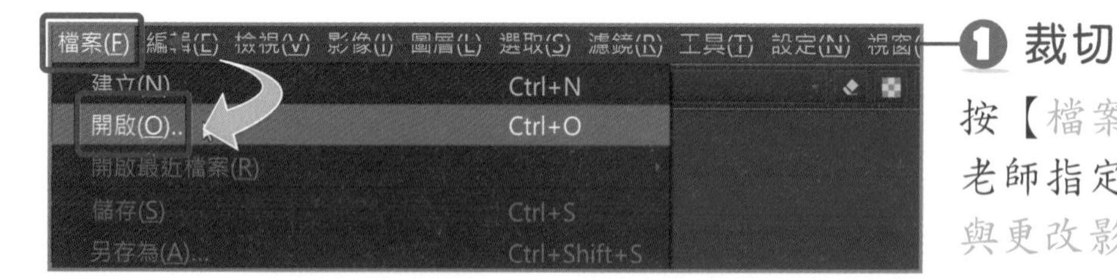

1 裁切

按【檔案 / 開啟】，開啟老師指定檔案【01-裁切與更改影像大小.jpg】

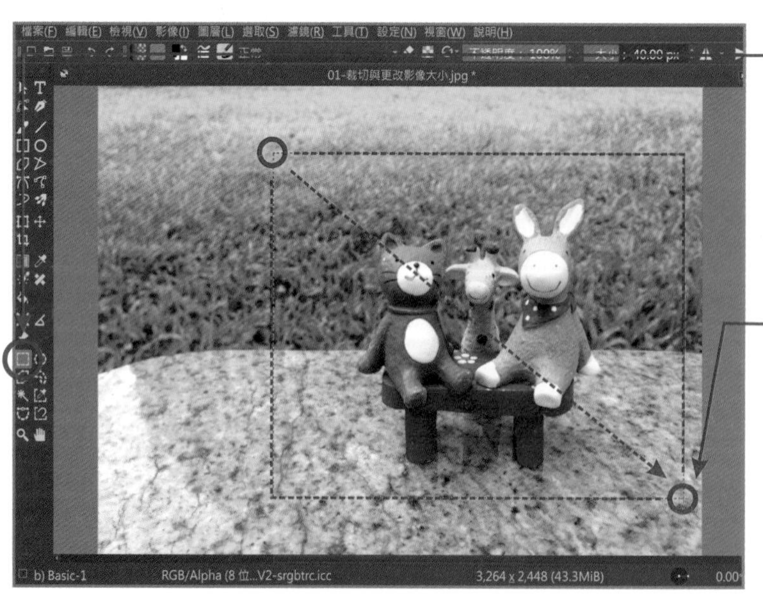

2 點選 【矩形選取區域工具】

3 約如圖示，拖曳出一個矩形的選取範圍

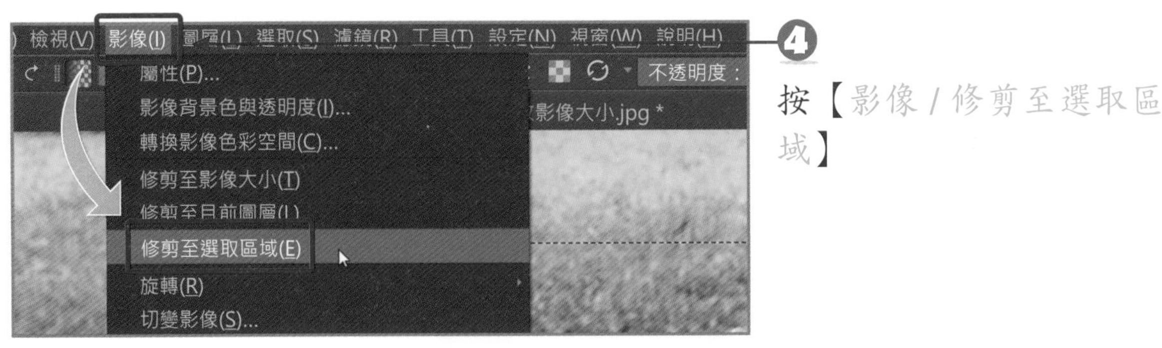

4 按【影像 / 修剪至選取區域】

5 裁切出想要的影像囉！

6 在影像外空白處點一下，取消選取

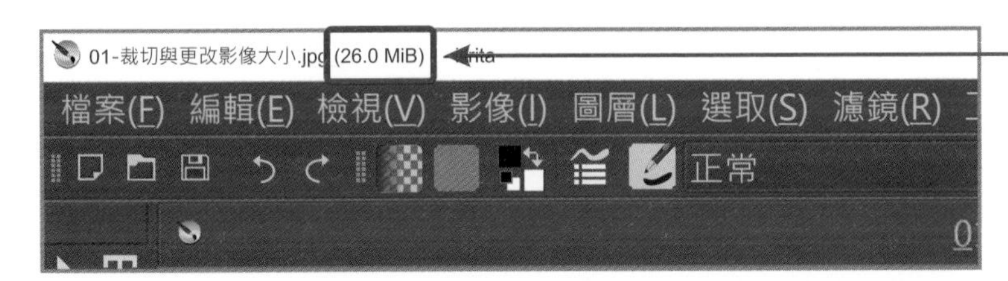

7 更改影像大小

看一下標題列，雖然裁切過，檔案大小還是蠻大的

幫它減肥一下吧！

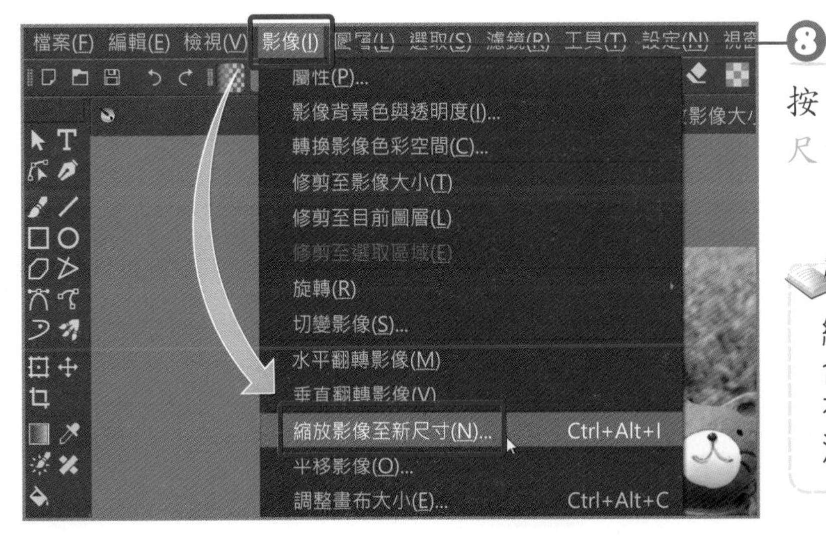

8 按【影像 / 縮放影像至新尺寸】

縮小影像尺寸，比較適合在電腦上顯示，若用在印刷上，可能會不太清晰，這點要注意。

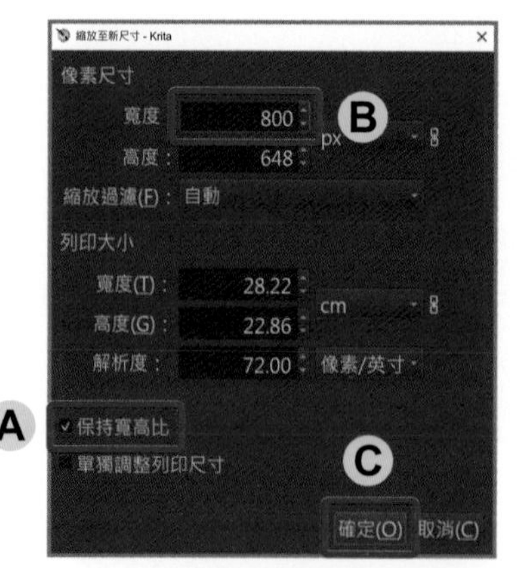

9

設定：

A 勾選【保持寬高比】

B 寬度更改為【800】

C 按【確定】

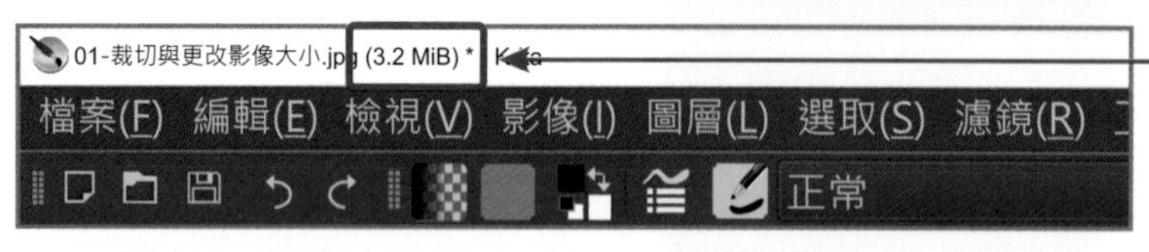

10

檔案大小大幅縮小囉！

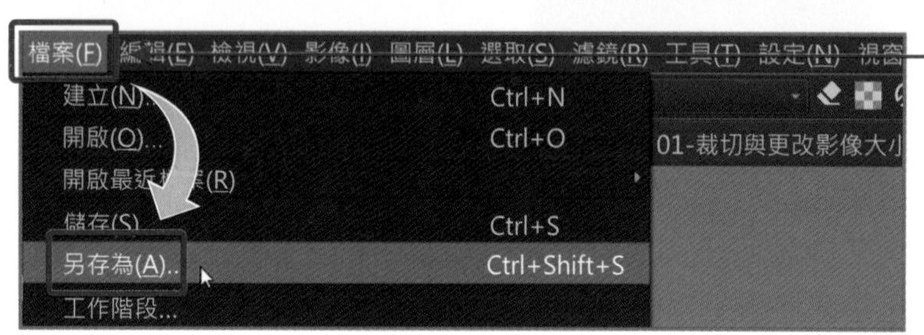

11 另存新檔

按【檔案 / 另存為】

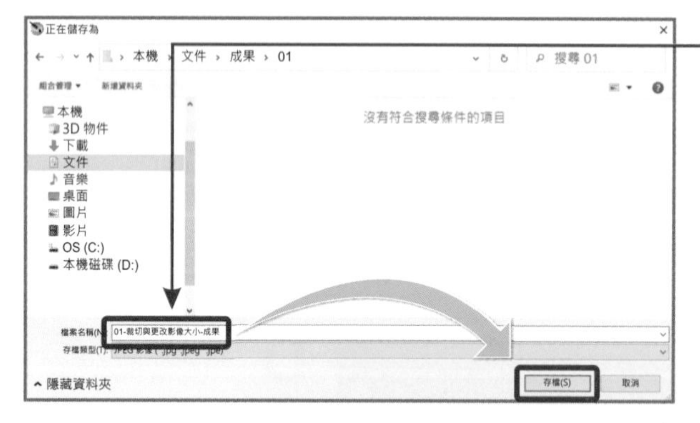

12

開啟老師指定資料夾，然後將檔名更改為【01-裁切與更改影像大小-成果】

接著按【存檔】

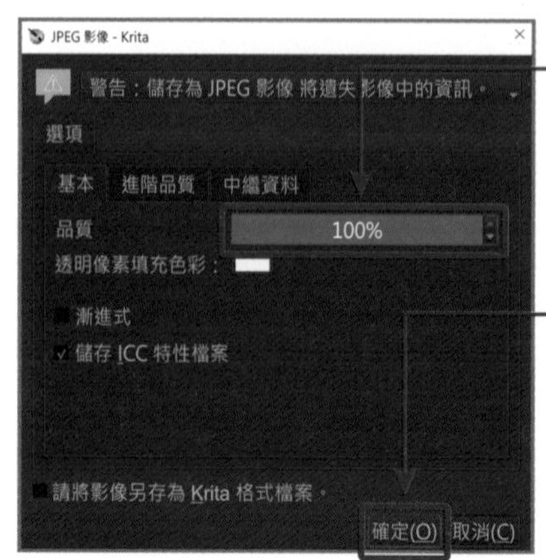

13

有需要的話，可以自訂影像品質

14

最後按【確定】，這樣就完成裁切、更改影像大小與另存新檔囉！

亮度 / 對比調整

調整好大小與自訂品質後，再來調整一下亮度與對比吧！

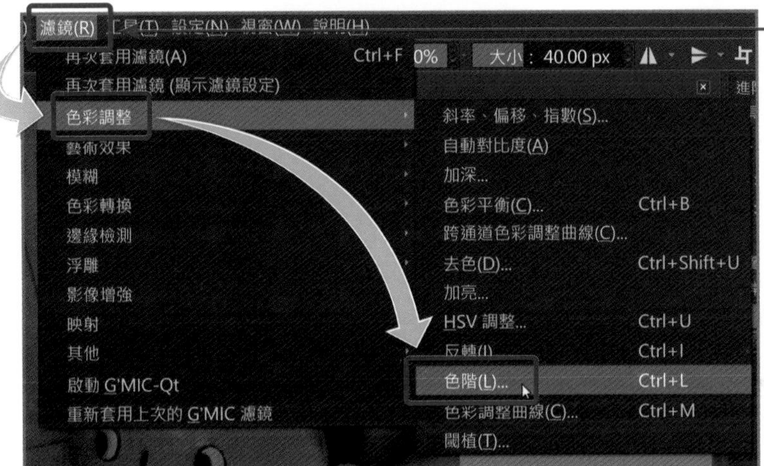

1 開啟【01-亮度對比調整.jpg】，然後按【濾鏡 / 色彩調整 / 色階】

2 按住輸入色階右方的 △，向左拖曳直到滿意為止，再按【確定】

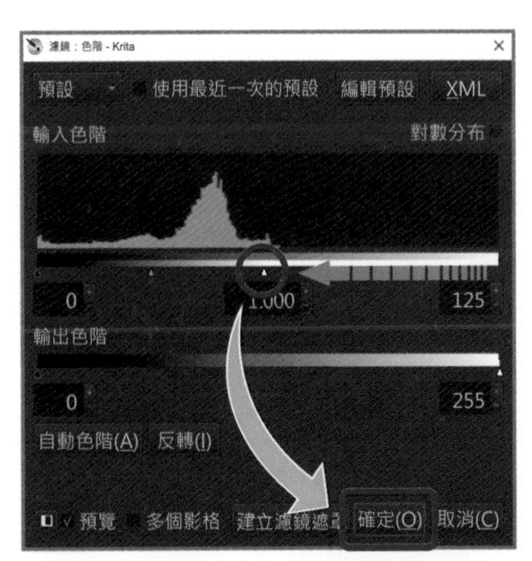

完成後，記得要另存新檔喔！

色相 / 飽和度調整

學會修改尺寸與調整亮度對比之後，接著來把色偏且鮮豔度不足的照片，調整一下色相與飽和度吧！

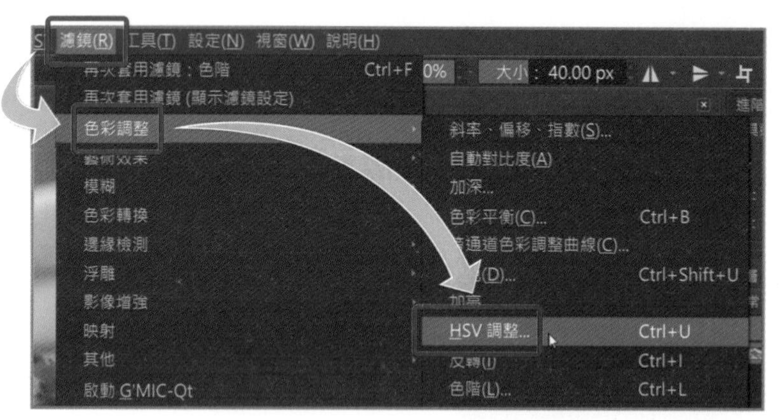

❶ 開啟【01-色相飽和度調整.jpg】，然後按【濾鏡 / 色彩調整 / HSV 調整】

HSV 顏色調整示意圖

❷ 按住色相與飽和度的捲軸鈕，拖曳調整到滿意為止，再按【確定】

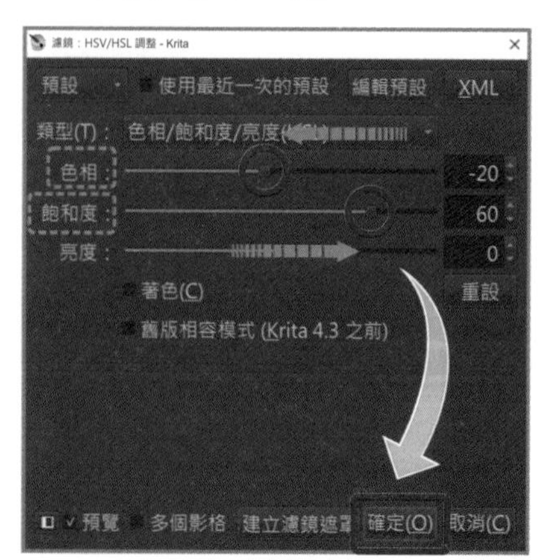

完成後，記得要另存新檔喔！

影像轉正

如果拍照時相機沒拿正，讓風景歪掉了！沒關係，我們把它轉正吧！

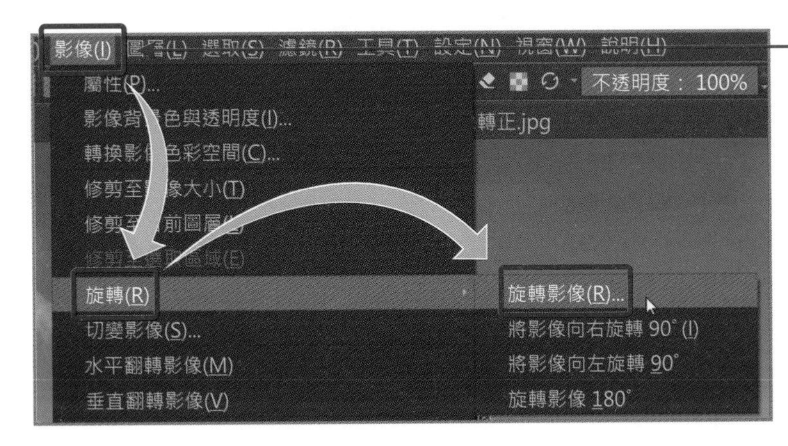

1 開啟【01-影像轉正.jpg】，然後按【影像 / 旋轉 / 旋轉影像】

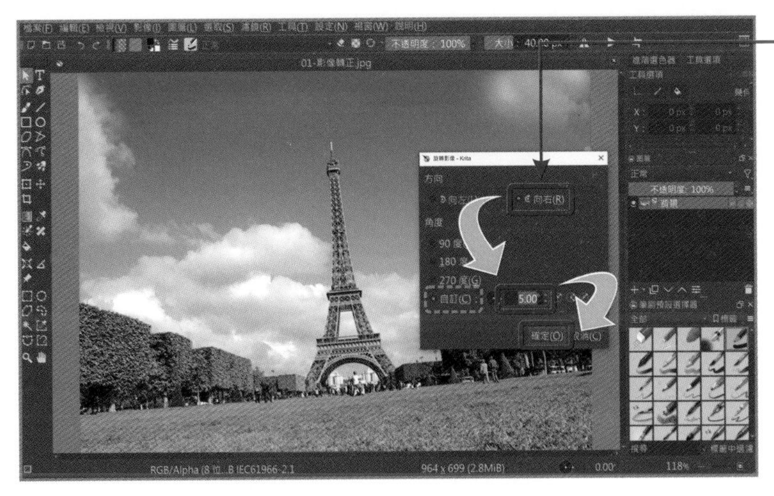

2 點選【向右】，到自訂項目，角度更改為【5.00】，再按【確定】

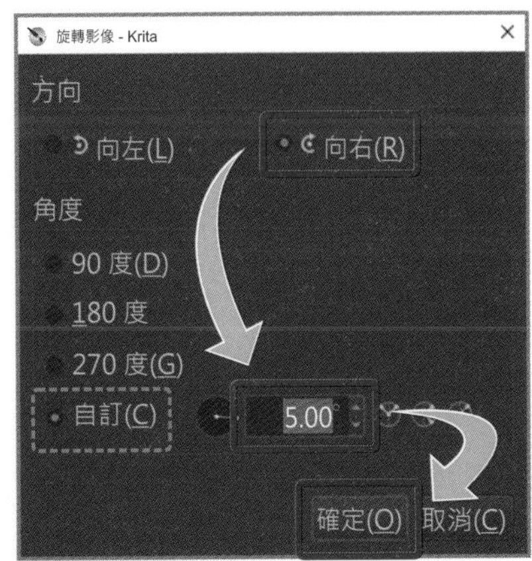

旋轉的角度會因每張照片的狀況不同，而有所不同喔！

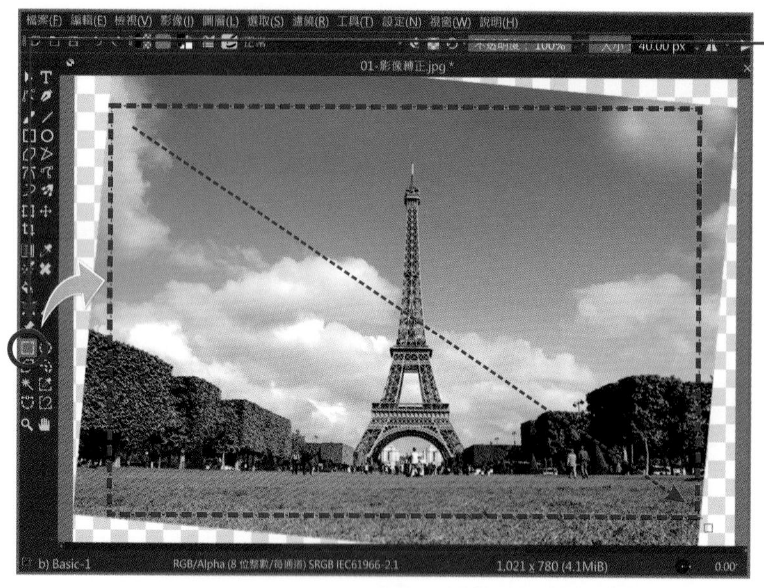

3

點選 【矩形選取區域工具】

然後框選出矩形範圍，約如圖示 (不要選到灰色格子狀的透明區域喔！)

小提示

不小心選到透明區域，就在外面灰色空白處點一下取消選取，再重新框選。

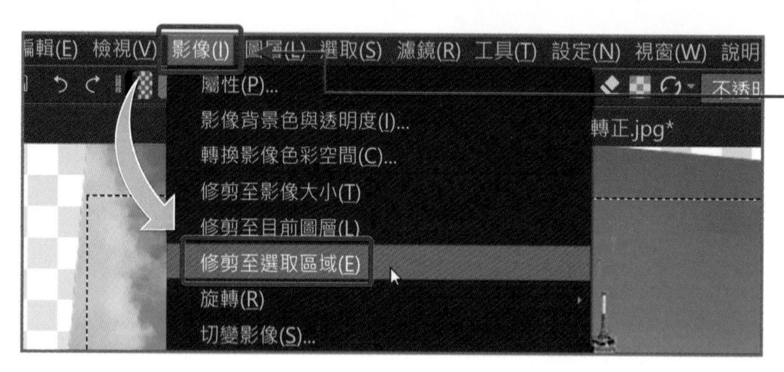

4

按【影像 / 修剪至選取區域】，就完成影像轉正了

完成後，記得要另存新檔喔！

智慧補丁 (修補瑕疵)

照片上有汙漬或斑點，可以用智慧補丁工具來消除喔！

❶ 開啟【01-智慧補丁.jpg】，發現人偶頭臉上有白色的污漬

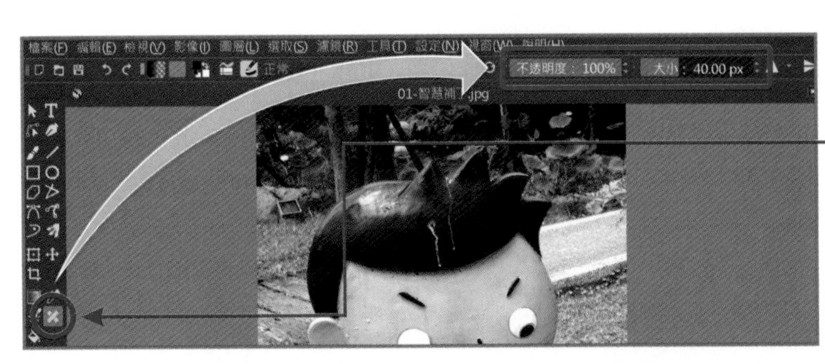

❷ 點選【智慧補丁工具】，不透明度設為 100%、大小設為 40.00 px

❸ 用點一下的方式，慢慢修補、消除所有污漬

❹ 完成後，頭臉上的污漬就消失、變乾淨囉！

記得要另存新檔喔！

凸顯主題

用模糊效果虛化背景，就可以讓照片主題更凸顯喔！來試試看吧！

1 開啟【01-凸顯主題.jpg】，然後點選【手繪選取區域工具】

2 按住左鍵，沿著主題邊緣將主題圈選起來 (人、椅子與布偶)

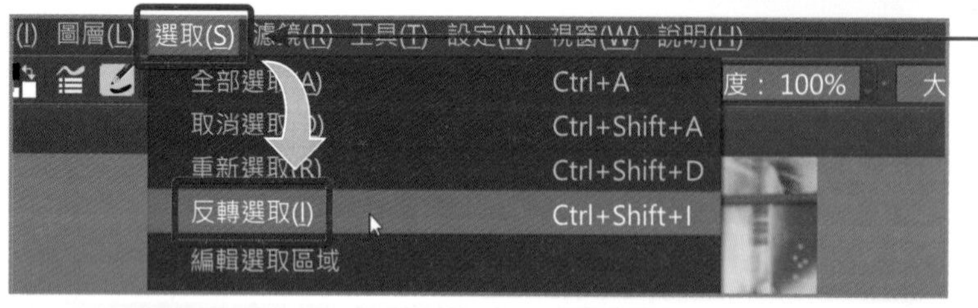

3 按【選取 / 反轉選取】

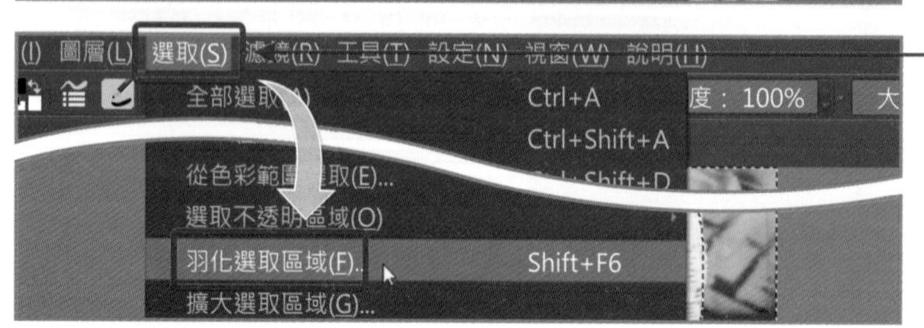

4 再按【選取 / 羽化選取區域】

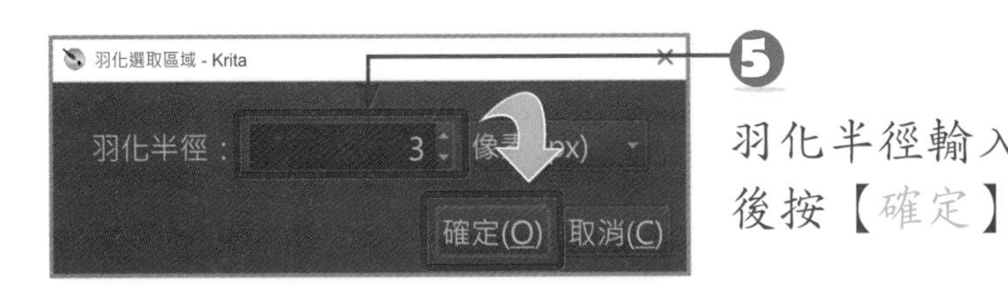

5 羽化半徑輸入【3】，然後按【確定】

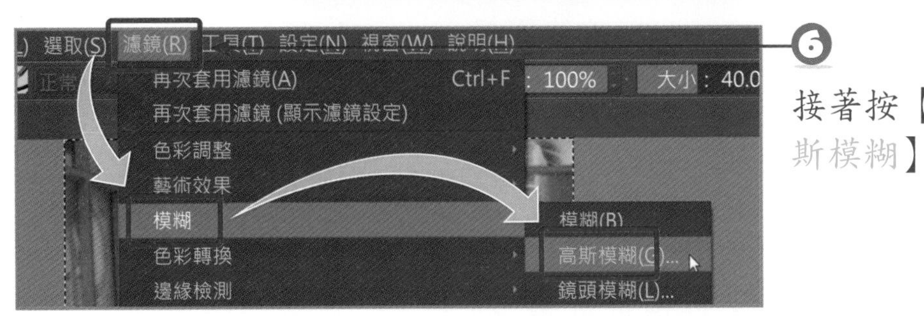

6 接著按【濾鏡 / 模糊 / 高斯模糊】

7 拖曳水平半徑的捲軸，直到約【30.95】，然後按【確定】

這樣就完成背景虛化，讓主題更凸顯囉！

完成後，記得要另存新檔喔！

我是高手　美化影像

本書光碟【進階練習圖庫】資料夾中，有許多照片、圖片...，可提供各課練習使用喔！

開啟本課【我是高手】中的照片，試著美化一下它們吧！

示範參考

( ) 1 可以在電腦上顯示的影像，叫做？

1. 一般影像　　2. 數位影像　　3. 傳統影像

( ) 2 數位影像的計算單位是？

1. 像素　　2. 公分　　3. 公厘

( ) 3 下面哪一個是影像處理軟體？

1. Word　　2. Impress　　3. Krita

( ) 4 想降低影像的檔案大小，可以用什麼辦法？

1. 縮小影像尺寸　　2. 添加濾鏡特效　　3. 加入外框

進階練習圖庫　照片

在本課的【進階練習圖庫】，有很多【照片】提供你做美化練習喔！

2 影像魔法合成秀

- 去背、扭曲、變形、合成與圖層

統整課程

藝術　數學

核心概念

◎ 了解並欣賞科技在藝術創作上的應用

◎ 能認識與使用資訊科技以表達想法

課程重點

◎ 認識影像合成

◎ 學會影像去背

◎ 學會扭曲與變形影像

◎ 認識與學會圖層的編輯

有趣的影像合成

將兩個以上的影像組合起來變成新的影像，就是【影像合成】。發揮創意與巧思，可以變出超多生動有趣的作品喔！這一課我們來實際練習一下吧！

阿拉丁神燈

大象怕小鼠

阿拉丁神燈 - 去背與液化 (扭曲)

【去背】是影像合成一定要學的技巧喔！讓我們為影像做一下去背，再使用【液化】(扭曲) 功能，把精靈從神燈呼喚出來吧！

練習提要

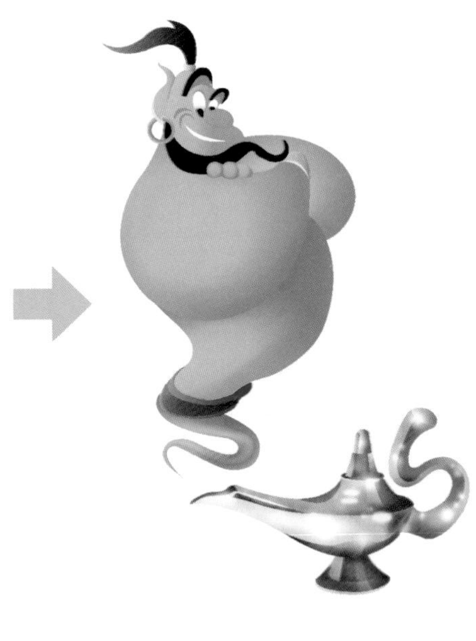

神燈去背 - 用相連選取區域工具

單色或背景沒有太多顏色的影像，很適合用 工具來去背。

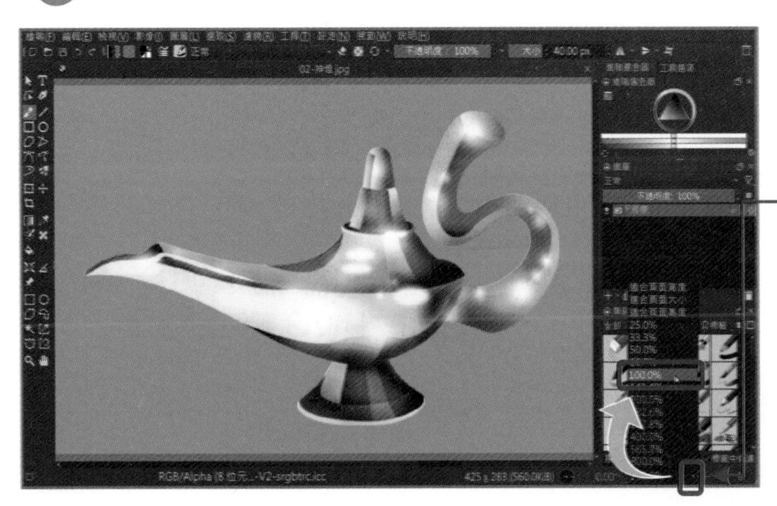

❶ 開啟檔案與去背

開啟【02-神燈.jpg】，然後到右下方，按顯示百分比下拉方塊，點選【100%】

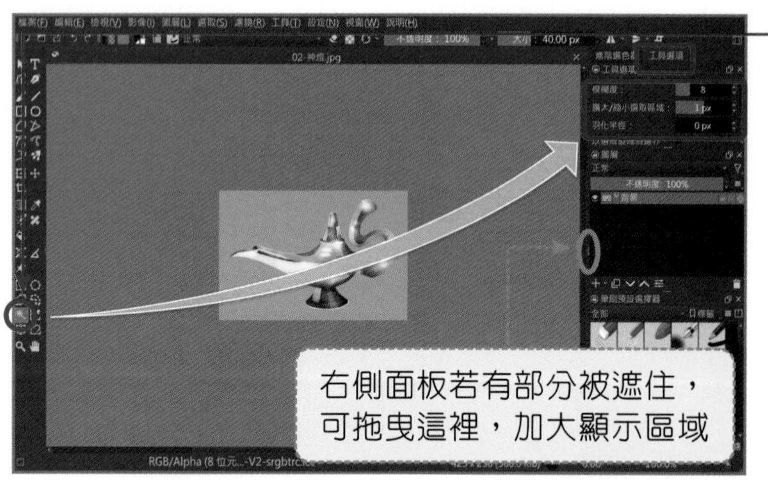

右側面板若有部分被遮住，
可拖曳這裡，加大顯示區域

❷

點選 ✱【相連選取區域工具】

到右側點選【工具選項】標籤，向下拖曳標籤捲軸，模糊度設為8、擴大/縮小選取區域設為1 px

模糊度越大，選取的相近色越多；擴大 / 縮小選取區域，正數為擴大，負數為縮小。

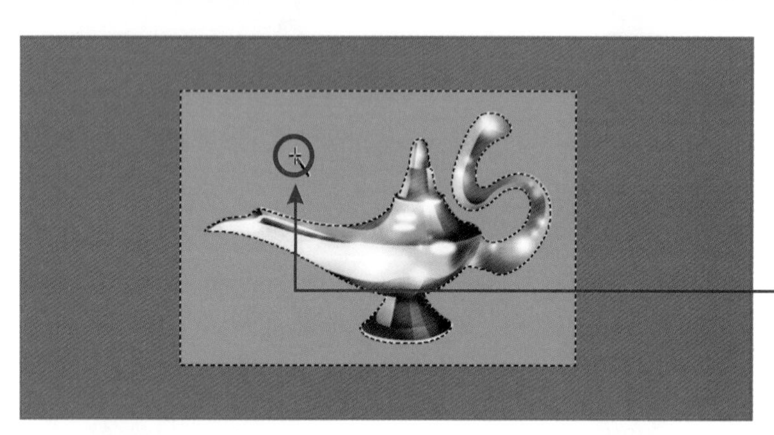

❸

點1下神燈的背景，選取所有藍色

❹

按1下 Delete ，即可刪除背景，變成透明 (呈現灰色格子狀)

按快速鍵
Ctrl + Shift + A
可取消選取。

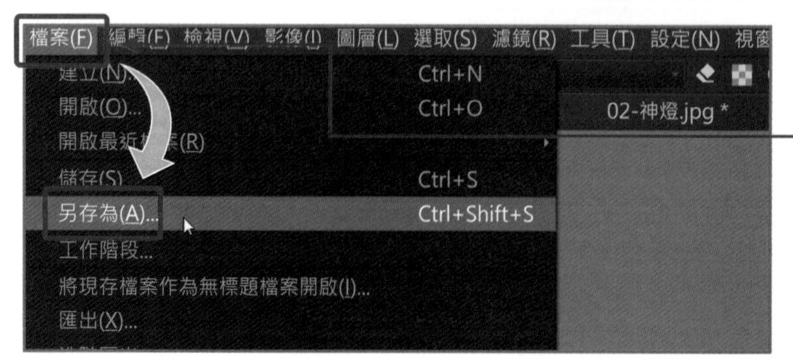

❺ 另存為透明背景的 PNG 格式檔案

按【檔案 / 另存為】

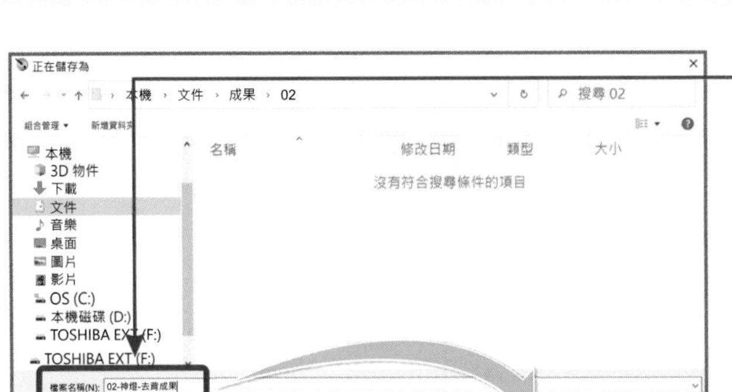

6 開啟儲存資料夾，存檔類型先點選【PNG 影像】，接著輸入檔名【02-神燈-去背成果】

然後按【存檔】

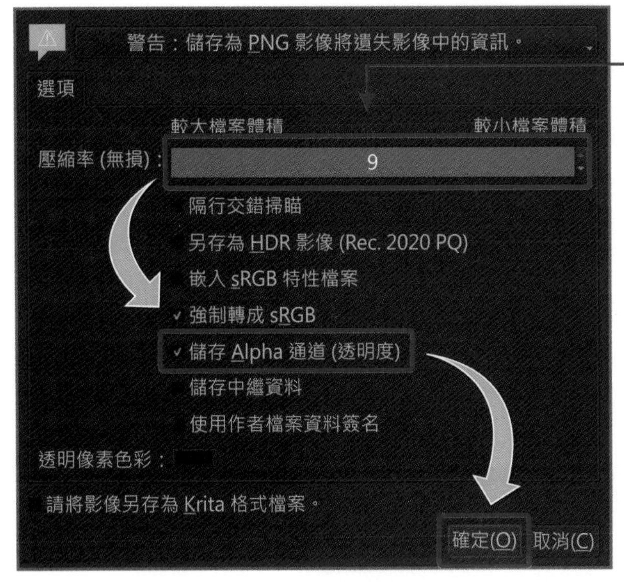

7 壓縮率設為【9】，記得勾選【儲存 Alpha 通道 (透明度)】

然後按【確定】

另存完成後，檔案先不要關閉喔！

精靈去背 - 用相連與手繪選取區域工具

背景顏色較多或複雜的影像，很適合用 搭配 來去背。如果將來比較熟練後，單獨用 也可以喔！

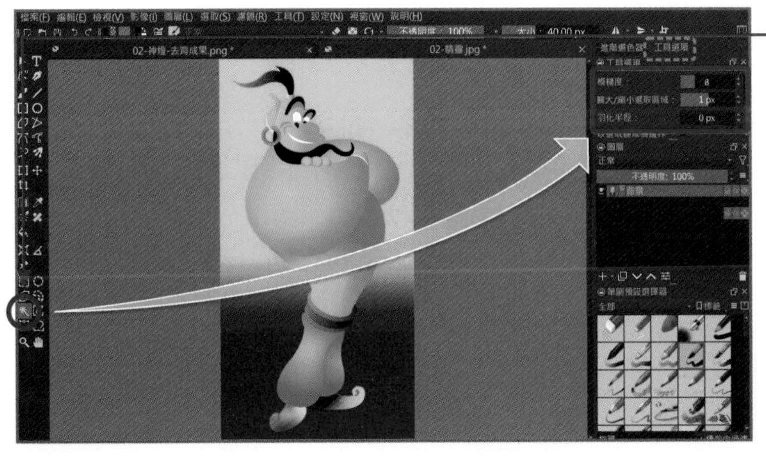

1 開啟檔案與去背

開啟【02-精靈.jpg】，接著點選 【相連選取區域工具】

模糊度維持 8，擴大 / 縮小選取區域維持 1 px。

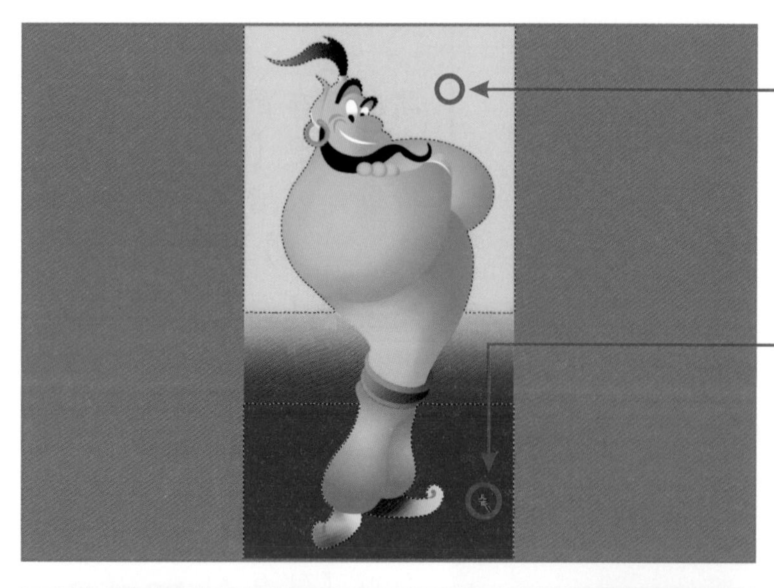

❷ 先點1下黃色背景

❸ 按住 Shift ，再點1下藍色背景，加選顏色

❹ 按住 Shift ，再點1下耳環中間的背景，加選顏色

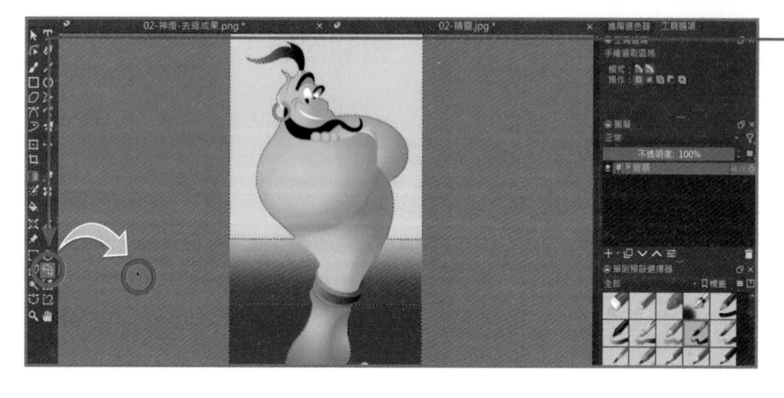

❺ 點選 【手繪選取區域工具】，游標移到編輯區，按2下鍵盤的 + 放大顯示影像

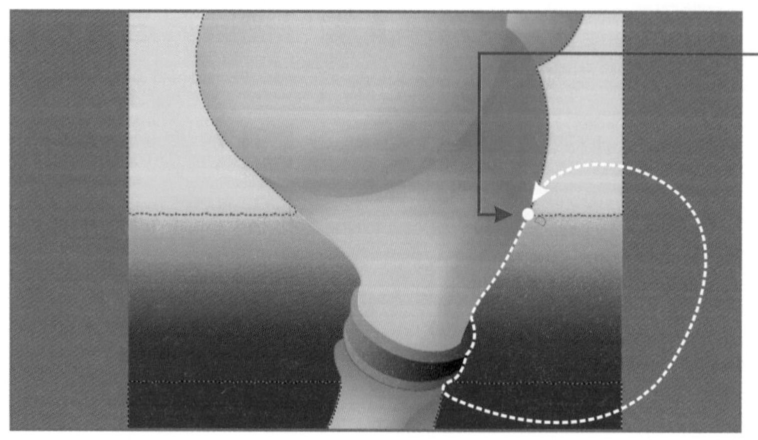

❻ 按住 Shift ，沿著身體邊緣，如圖示圈選，加選選取範圍

若不滿意圈選結果，可按 Ctrl + Z 復原後，再重選。

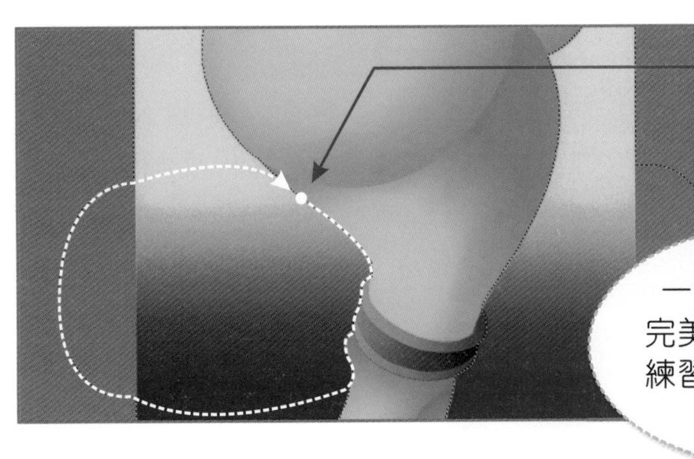

7 按住 Shift，繼續加選選取範圍 (約如圖示)

一開始或許無法完美地圈選，多加練習，就會越來越熟練喔！

8 按 2 下鍵盤 -，縮小顯示影像

接著按幾下 Delete，直到清除所有背景

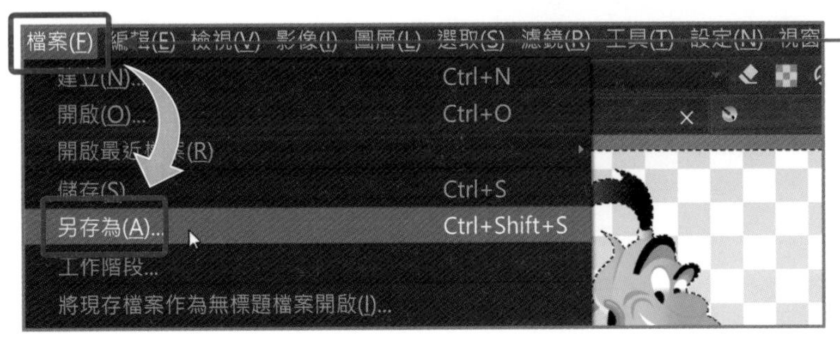

9 按【檔案 / 另存為】，命名為【02-精靈-去背成果】，儲存為 PNG 格式檔案

新增空白檔案

讓我們新增一個空白檔案，將精靈與神燈複製進來做合成。

1 按【檔案 / 建立】

新增檔案快速鍵：
Ctrl + N

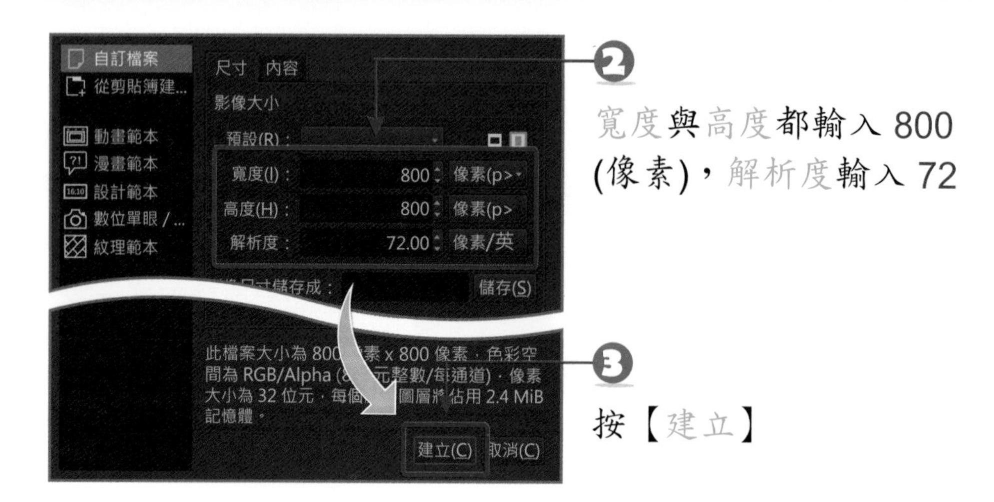

❷ 寬度與高度都輸入 800 (像素)，解析度輸入 72

❸ 按【建立】

複製神燈與精靈到新檔案

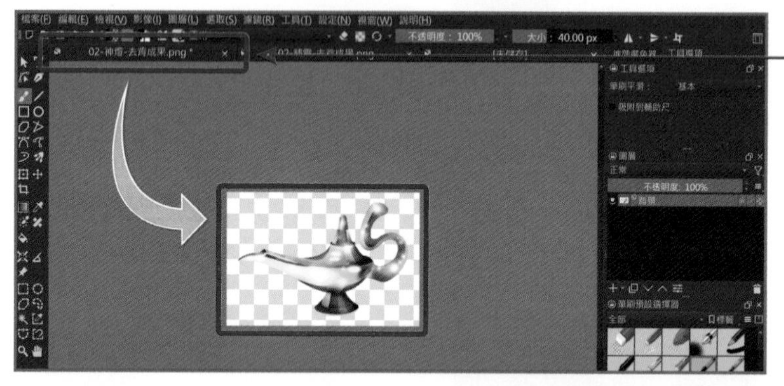

❶ 點選【02-神燈-去背成果.png】標題，切換顯示該檔案

接著按 Ctrl + A (全選)
再按 Ctrl + C (複製)

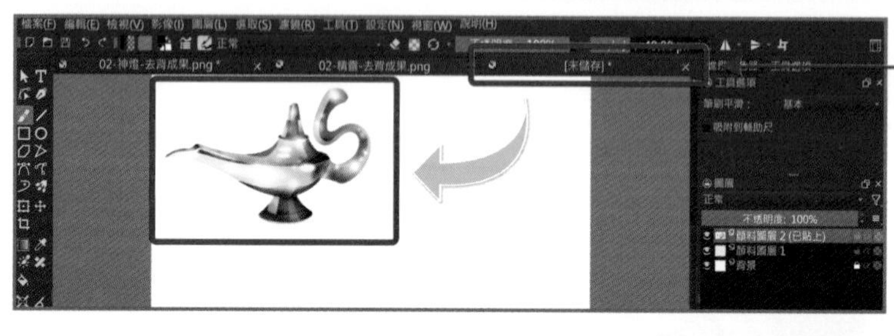

❷ 切換到新檔案 ([未儲存])

接著按 Ctrl + V (貼上)
將神燈貼到新檔案上

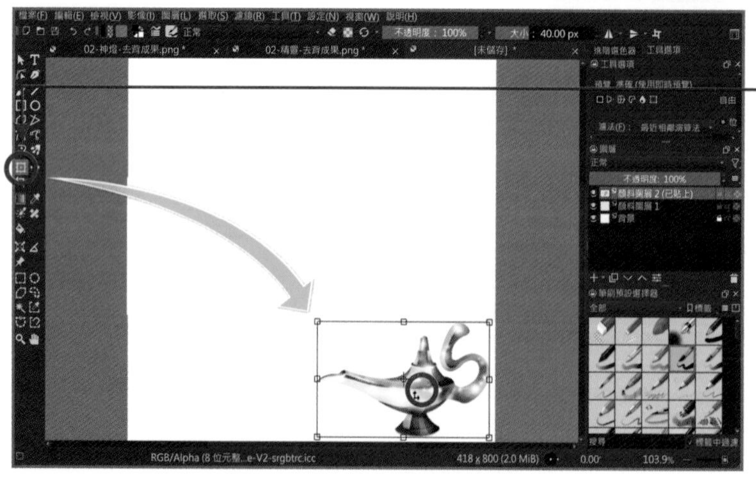

❸ 點選 【對圖層或選取區域進行變形】

然後拖曳神燈到右下方

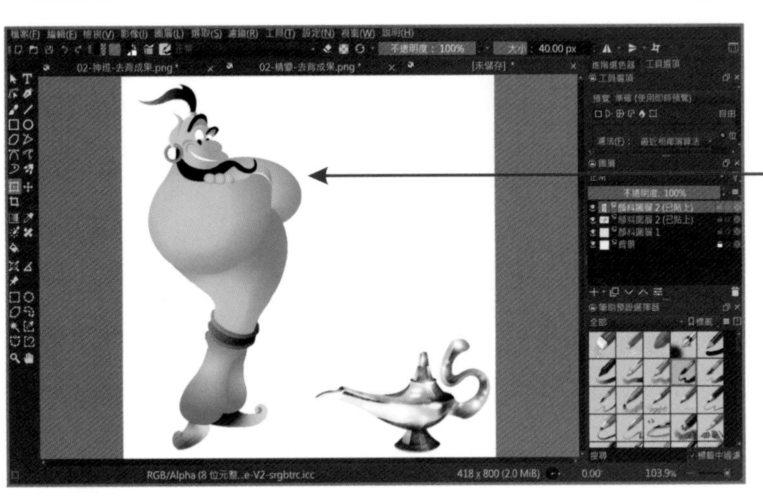

4

仿照 1 ~ 3 技巧，將精靈複製貼上到新檔案上

用液化模式做扭曲

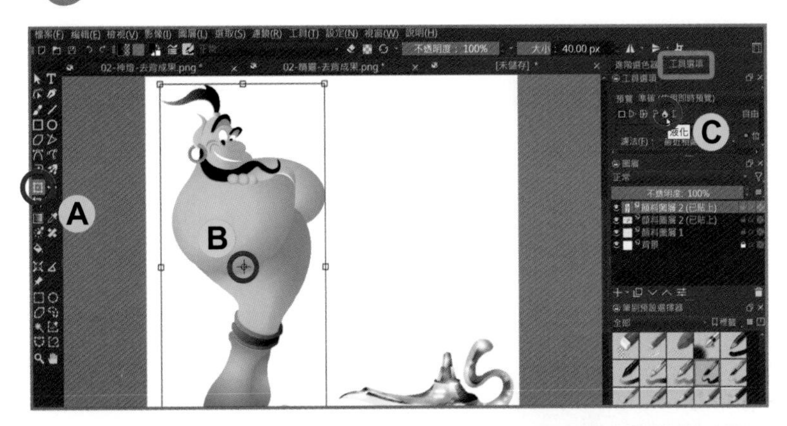

1

切換到液化模式：

A 點選

B 點 1 下選取精靈

C 到工具選項標籤下，點選 【液化】 模式

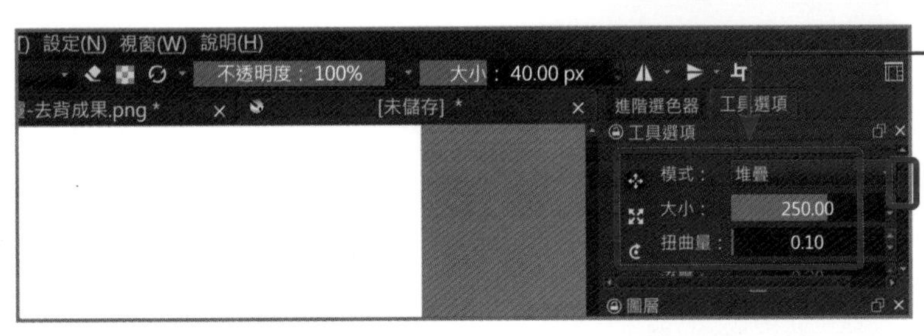

2

向下拖曳標籤捲軸，繼續設定：

A 模式 - 堆疊

B 大小 - 250

C 扭曲量 - 0.10

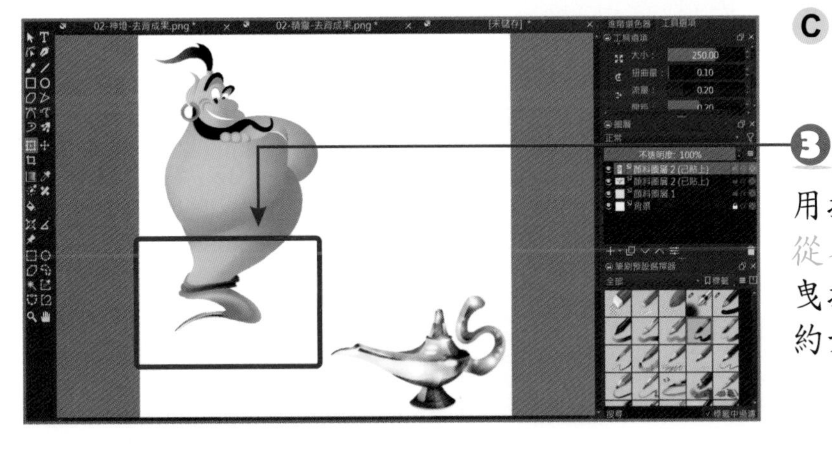

3

用按住左鍵拖拉的方式，從各個方向或位置，先拖曳扭曲出一個大略的形狀約如圖示

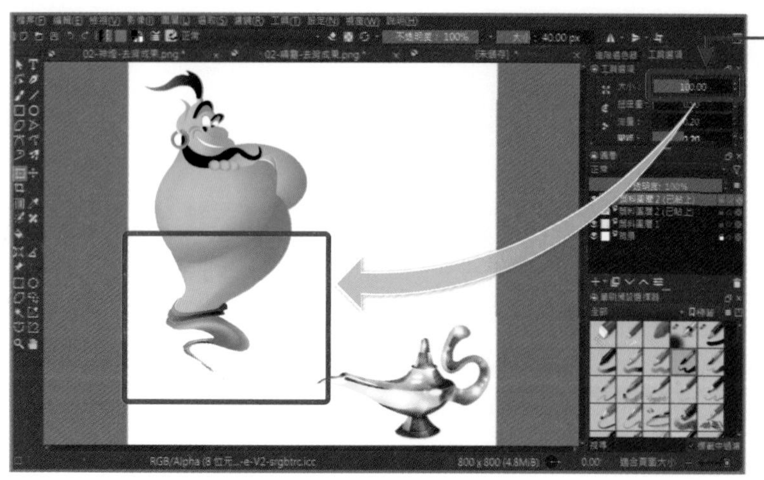

4 大小變更為【100】，再繼續調整形狀，約如圖示

依個人拖曳狀況不同，可自訂需要的大小喔！

液化後的結果，若與本書不同，也沒有關係！形狀因人而異，也蠻有趣的！

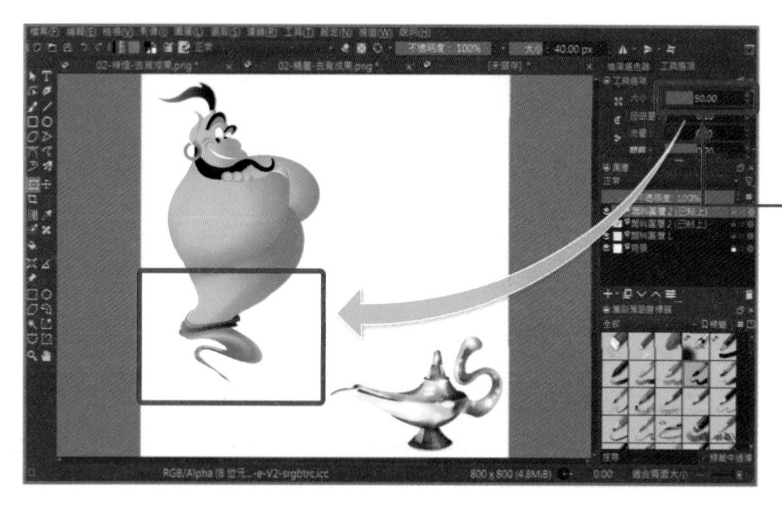

5 大小更改為【50】，繼續細部調整形狀

用擦除模式修飾形狀

液化後的結果，若還是有一些不想要的影像，可以用【擦除模式】來擦除、修飾喔！

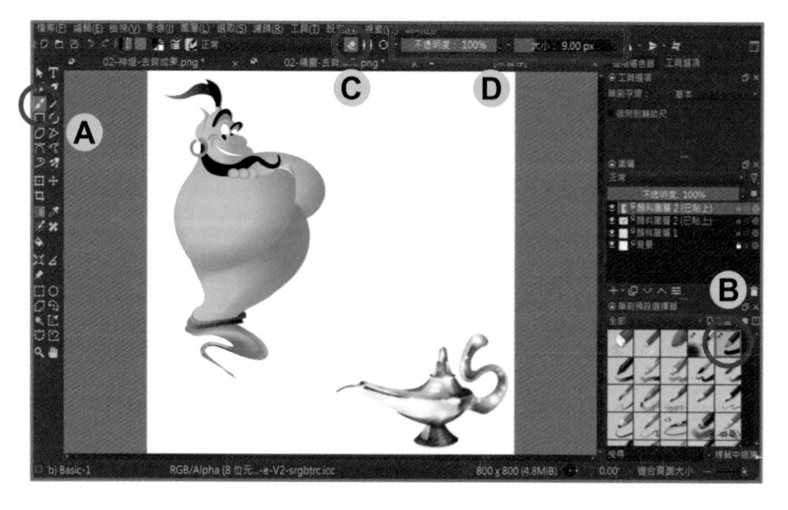

1 切換擦除模式與設定：

A 點選 (手繪筆刷工具)

B 點選 (b) Basic-1)

C 按 (設定擦除模式)

D 不透明度 - 100%
大小 - 9.00 px

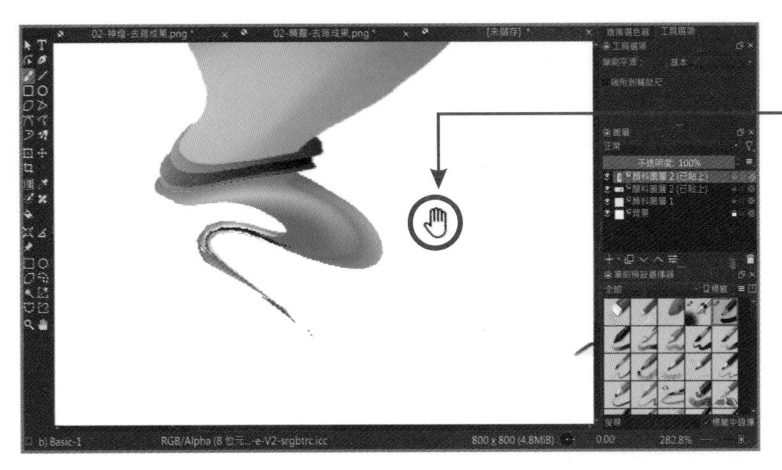

2 按幾下 + 放大顯示，接著按住鍵盤空白鍵，按住出現的 ，拖曳移動畫面到約圖示位置

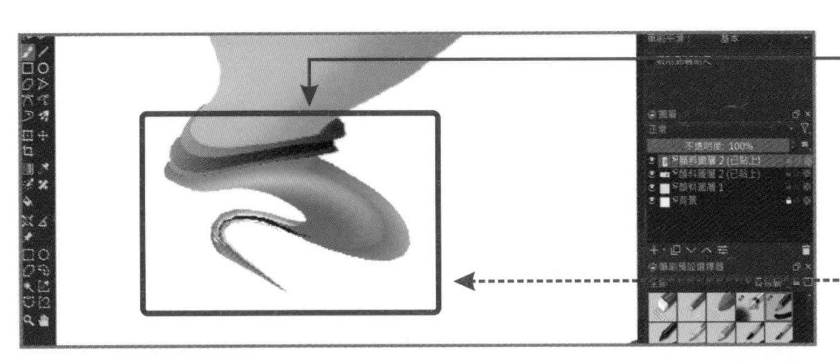

3 接著慢慢、仔細地擦除不要的影像、修飾形狀

有需要的話，可繼續【液化】，調整形狀。

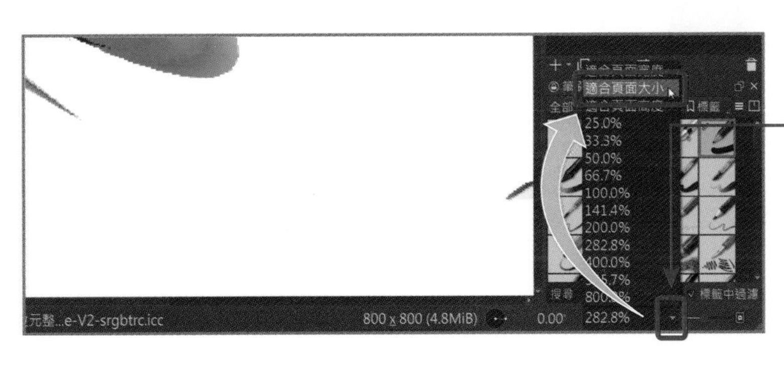

4 按顯示百分比的下拉方塊，點選【適合頁面大小】

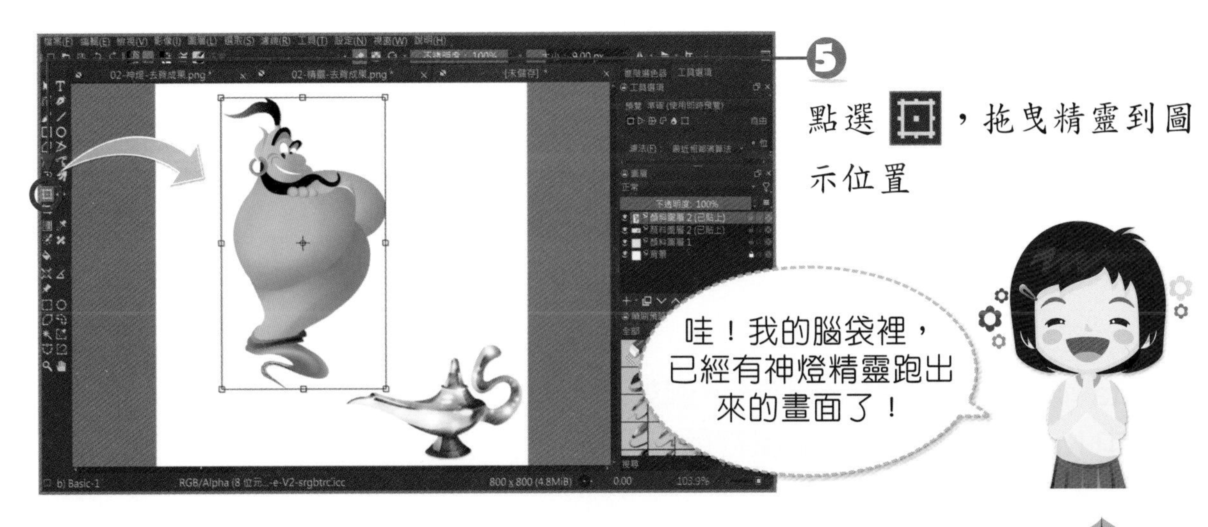

哇！我的腦袋裡，
已經有神燈精靈跑出來的畫面了！

5 點選 ，拖曳精靈到圖示位置

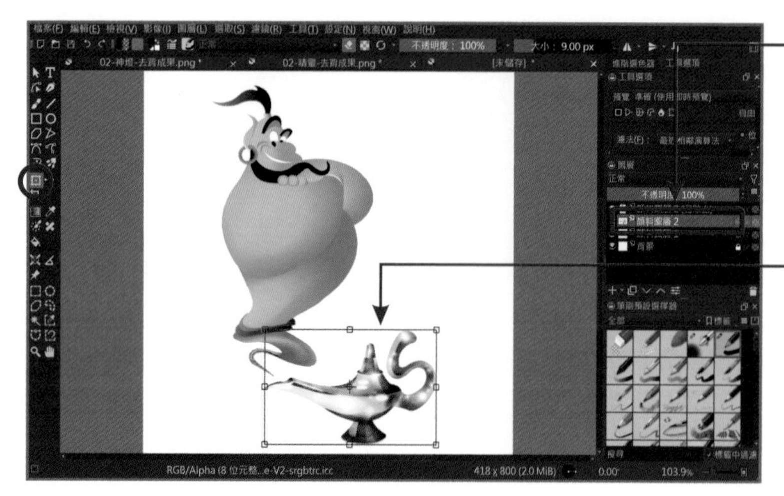

6 點選第2個圖層（神燈所在的圖層）

7 拖曳神燈到圖示位置

練習至此，這份【阿拉丁神燈】就完成囉！再將成果儲存起來吧！

儲存成 Krita 原始檔

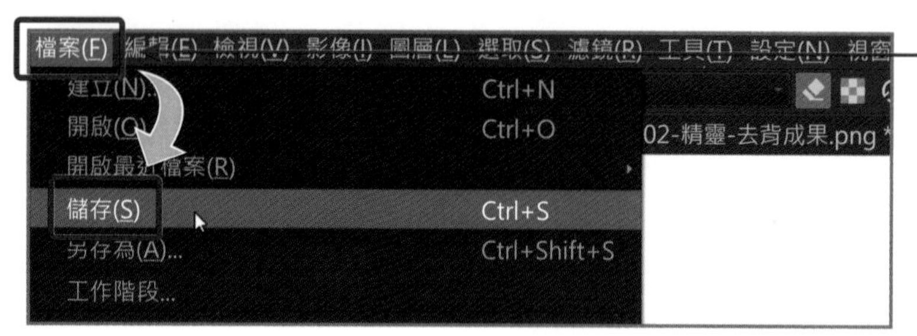

1 按【檔案 / 儲存】

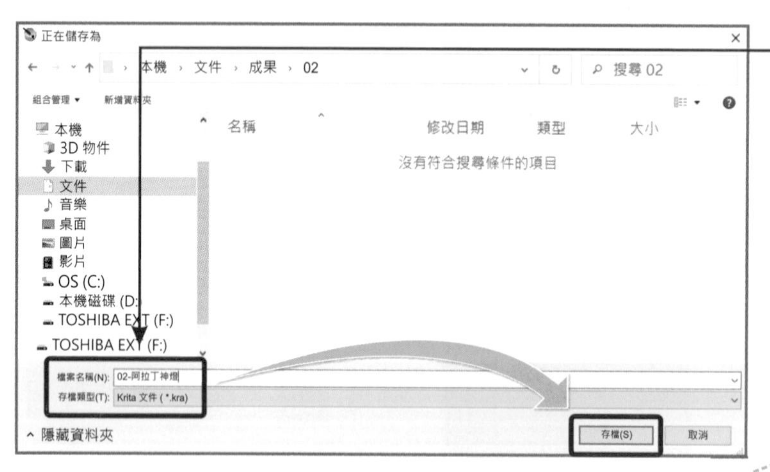

2 開啟儲存資料夾，存檔類型點選【Krita 文件】，輸入檔名【02-阿拉丁神燈】

然後按【存檔】

什麼是【圖層】？

Krita 能儲存的檔案格式很多，例如 kra、png、jpeg、gif...等。
其中 Krita 文件【kra】會保存所有圖層，可隨時開啓繼續編修。

重要的圖層觀念

【圖層】就像是一張張印著圖案的透明片，它們層層相疊，但又各自獨立。透過圖層的上下順序編排，就可以組合出想要的影像喔！

大象怕小鼠-變形、群組與合成

用【外框模式】也可以對影像做變形喔！這一節我們來體驗一下這個功能，再搭配圖層的使用，做一個趣味合成吧！

練習提要

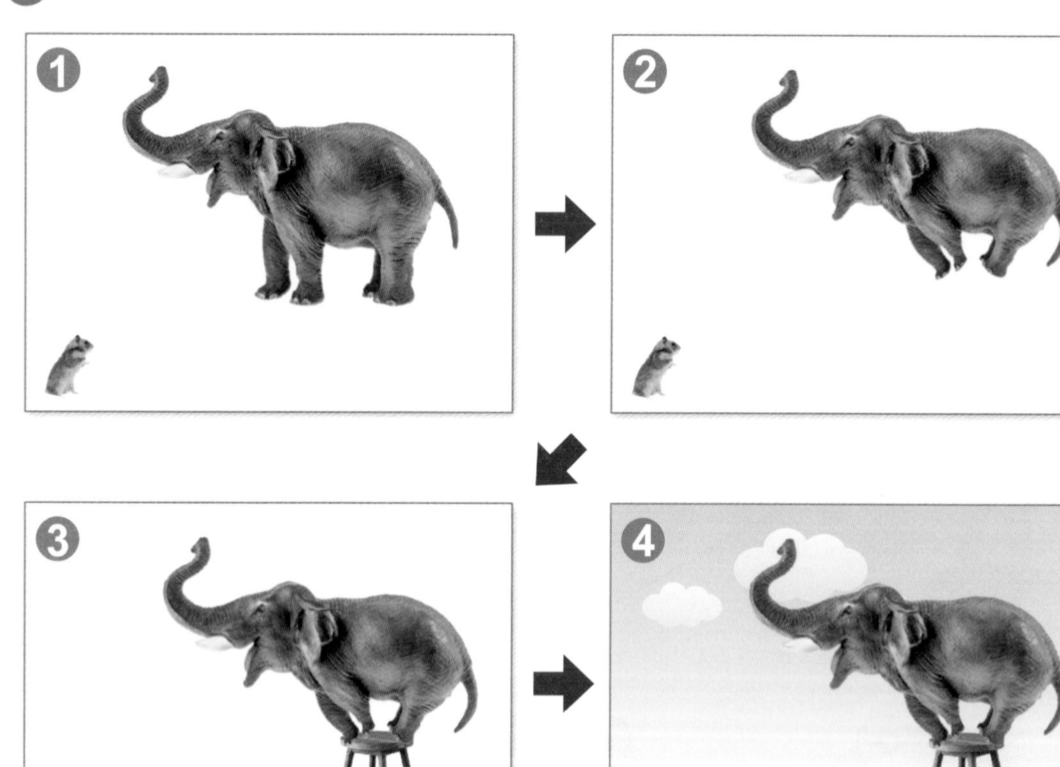

現實世界中，大象其實並不怕老鼠！我們只是以此傳說來發想，做一個趣味影像！

開啓範例檔案

1

啟動 Krita，按【檔案/開啟】，開啟【02-大象怕小鼠.kra】

開啓檔案的快速鍵：

Ctrl + O

用外框模式做變形

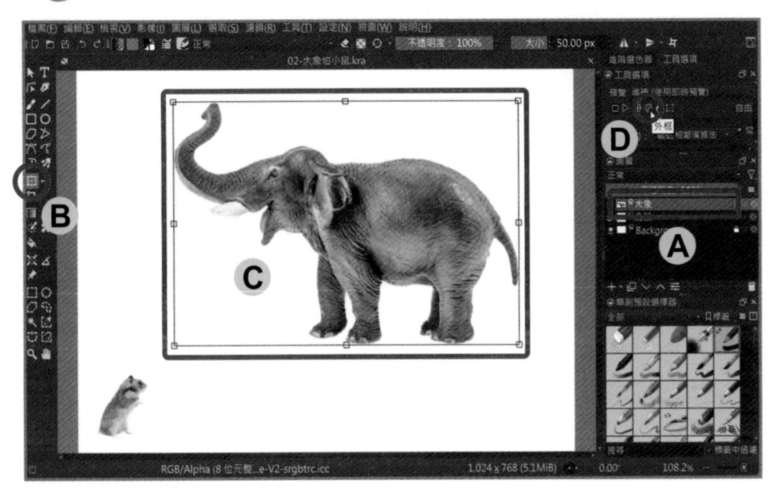

1

點選圖層、工具與設定：

A 點選【大象】圖層

B 點選 ▣

C 點1下大象影像

D 到【工具選項】標籤下，點選 ◩【外框】模式

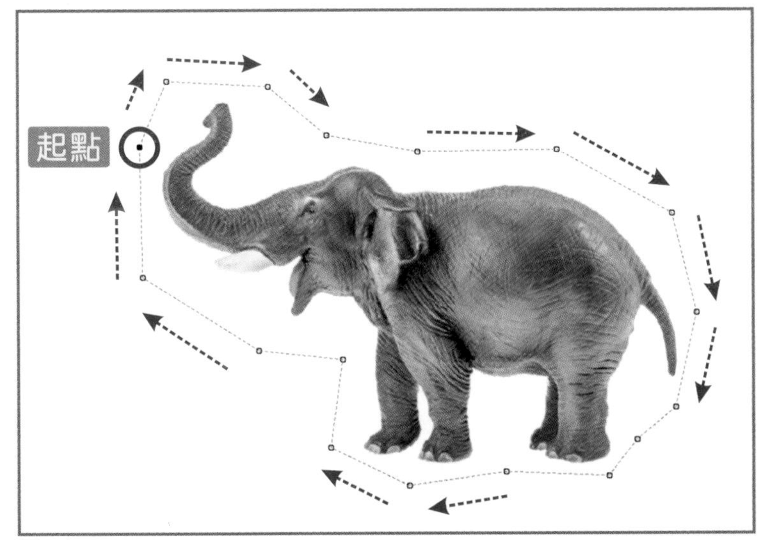

2

用點1下的方式，照圖示位置與點數，沿著大象繞一圈（終點與起點要點在一起喔！）

以大象為例，點出圖示的節點，會比較容易練習成功。有空也可用自己的方式試試看喔！

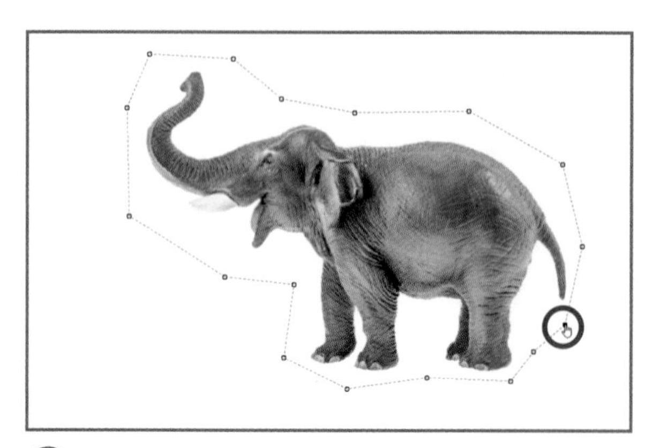

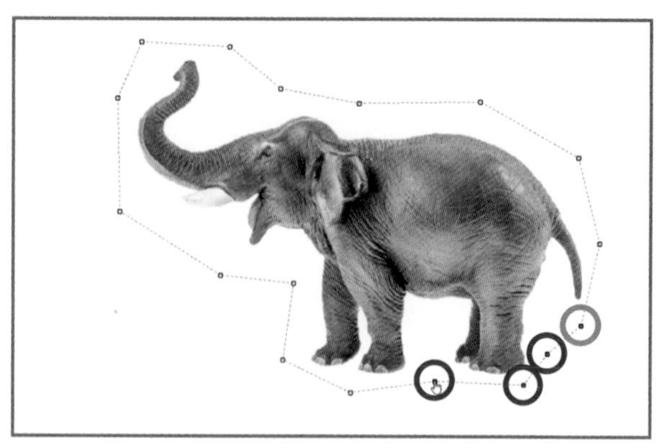

❸ 點1下圖示節點

❹ 接著按住 Ctrl ，陸續點選圖示三個節點 (複選這四個節點)

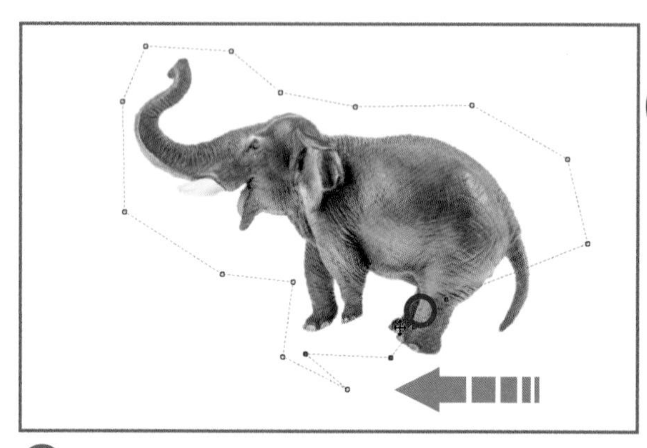

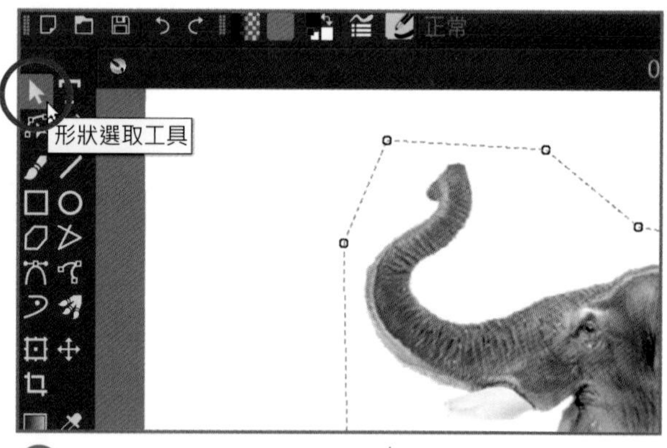

❺ 游標移到後腿上 (不是節點喔！) ，按住左鍵，向左拖曳，把後腿往前移

❻ 點選任一工具，取消選取，完成後腿的變形

不需要一次就完成，可從不同位置、方向，多推幾次試試看喔！

哇！這樣就可以任意變形耶！

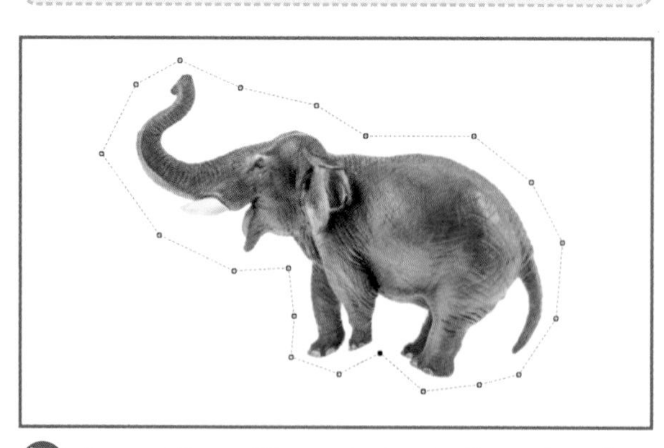

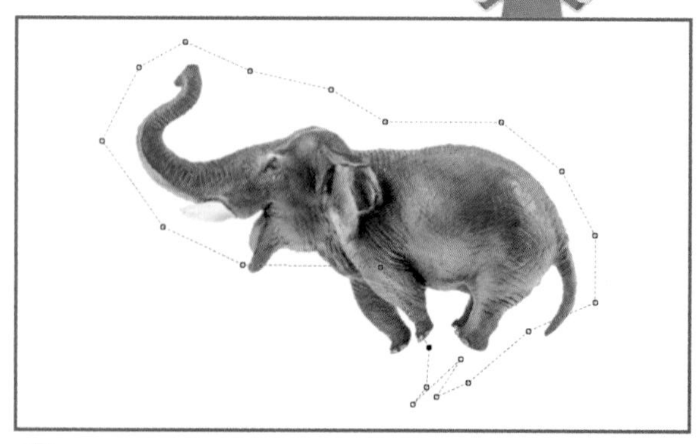

❼ 仿照❶～❷，再度圈選大象 (盡量如圖示節點分布)

❽ 分別拖曳靠近前腿的單一節點，慢慢調整出約如圖示形狀，取消選取，完成前、後腿的變形

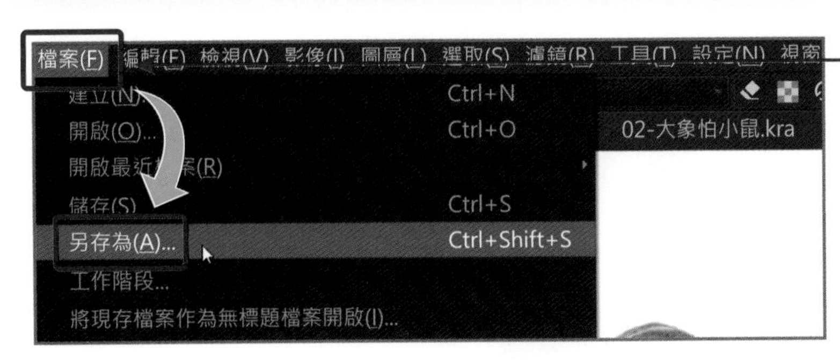

9 按【檔案 / 另存為】，將目前練習成果儲存一下吧！

檔名：02-大象怕小鼠-成果

格式：kra

匯入板凳、安排圖層順序與更改圖層名稱

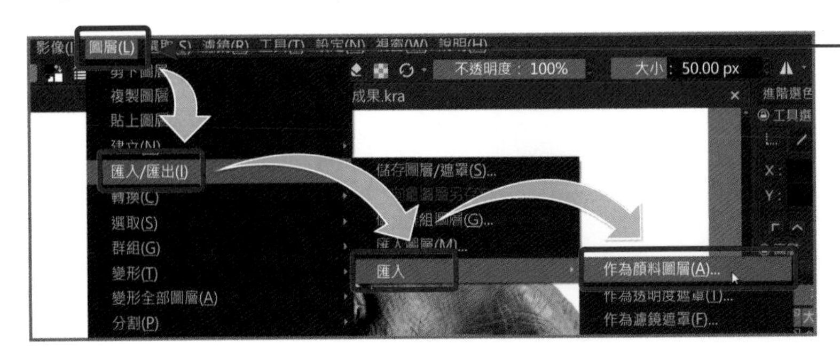

1 按【圖層 / 匯入/匯出 / 匯入 / 作為顏料圖層】

欲將影像加入到另一個檔案上，除了複製貼上，還可用匯入方式。

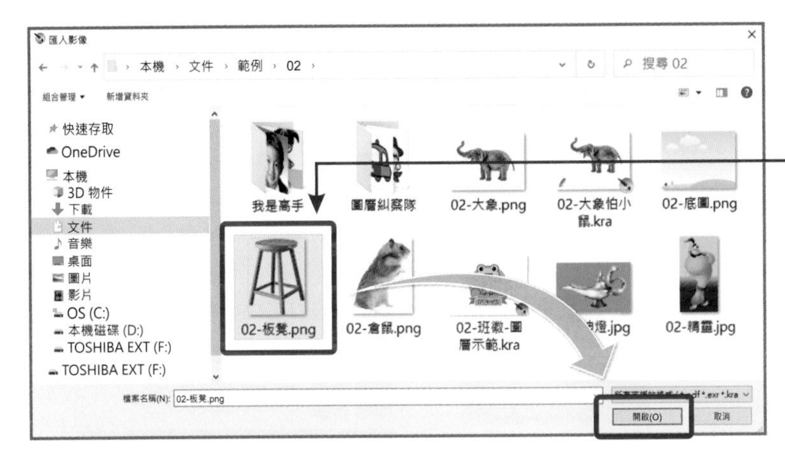

2 點選【02-板凳.png】，按【開啟】

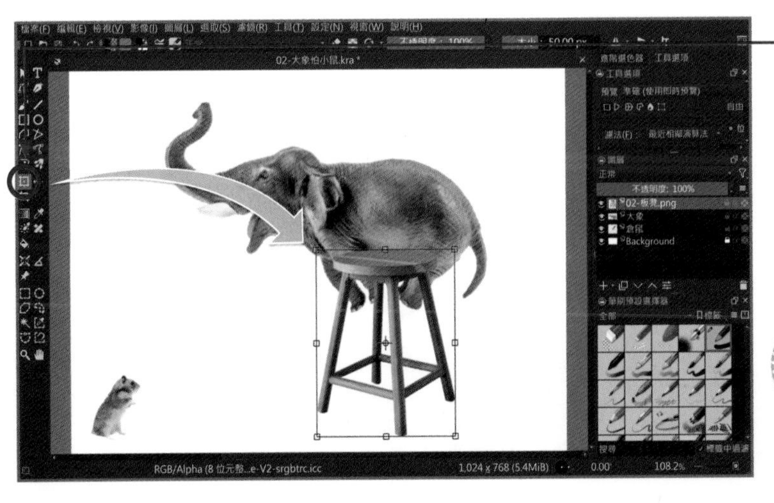

3 點選 ，拖曳板凳到圖示位置

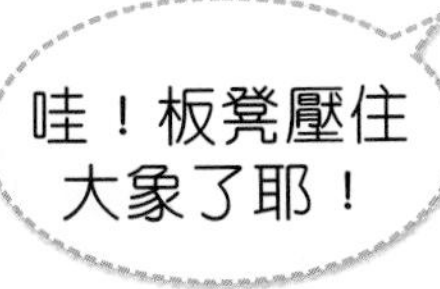

❹ 點選任一工具取消選取，會更清楚看到板凳與大象的上下關係

❺ 到【圖層】面板，也會看到板凳圖層位於大象上方

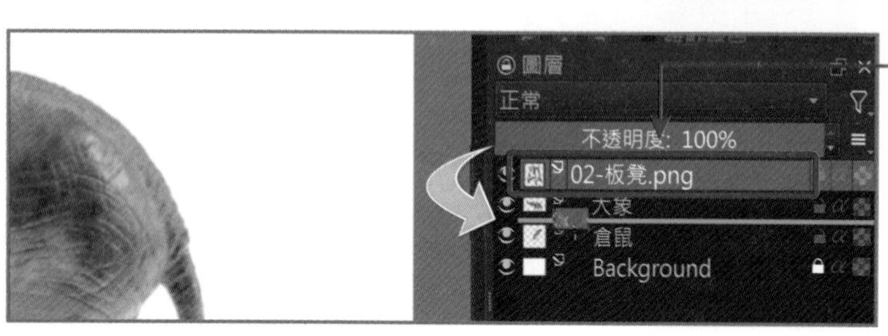

❻ 按住【02-板凳.png】圖層，拖曳到【大象】圖層下方，直到出現藍色橫線，然後放開左鍵

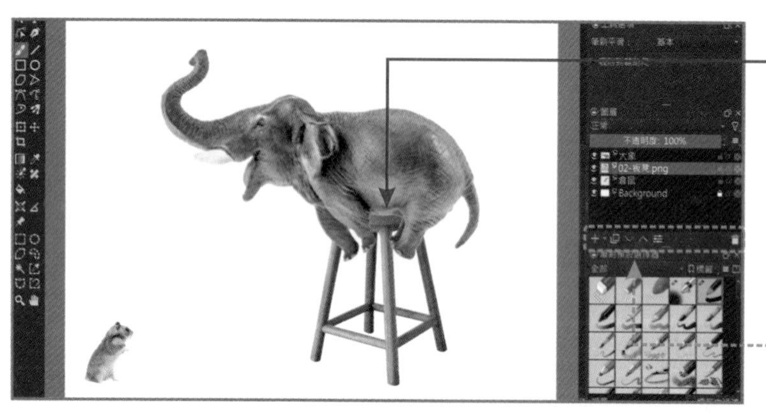

❼ 板凳就移到大象下方囉！

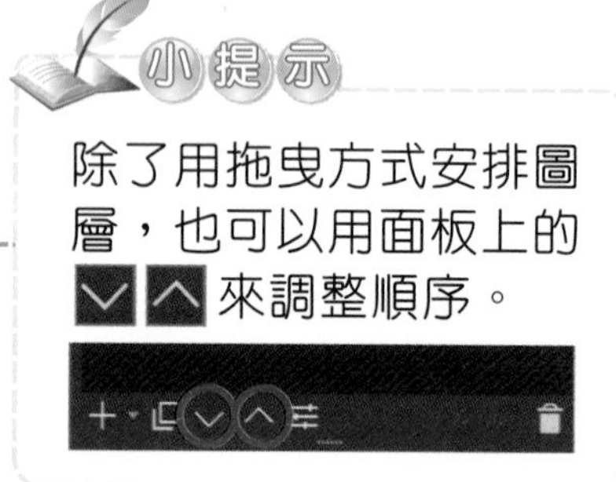

除了用拖曳方式安排圖層，也可以用面板上的 ∨ ∧ 來調整順序。

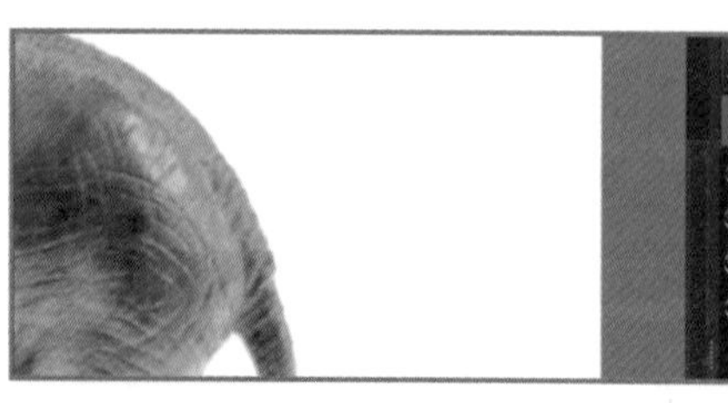

❽ 點2下【02-板凳.png】名稱，使文字反白

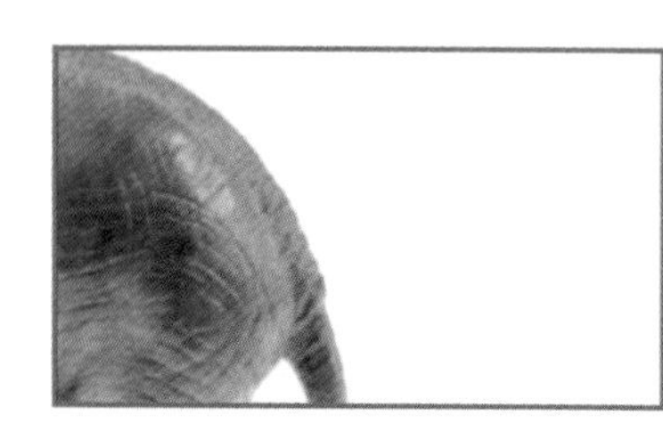
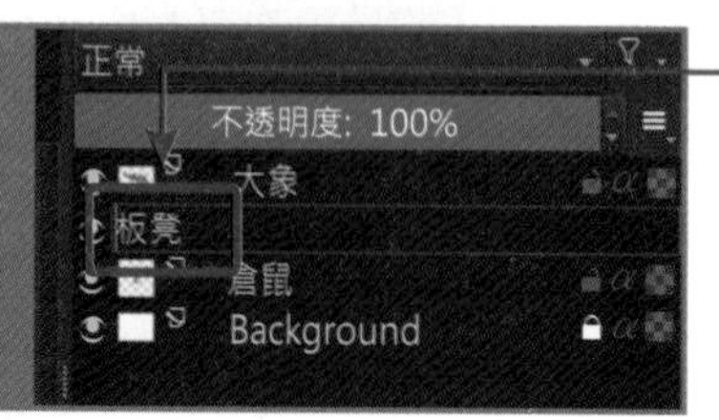

❾ 更改名稱為【板凳】，按 Enter ，就完成囉！

縮放與群組

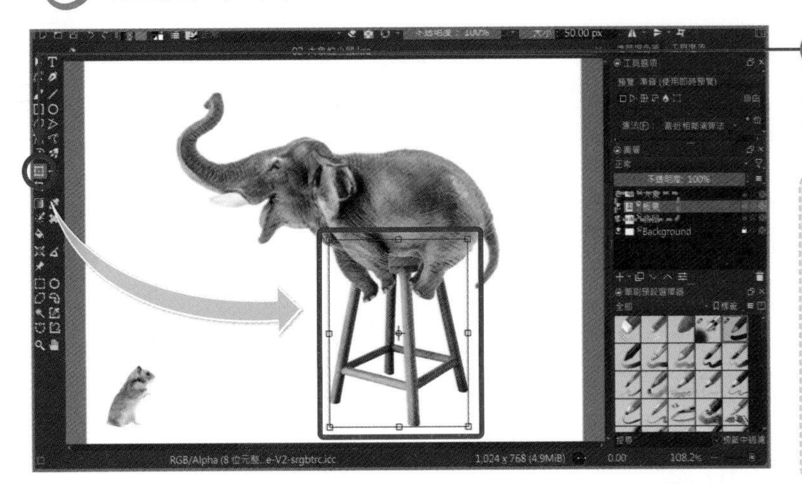

❶ 點選 ，選取板凳

用 ，可移動、液化、變形、縮放、旋轉影像。

游標移到任一控點附近，出現 ，即可按住進行旋轉。

❷ 按住 Shift ，拖曳四個角的控點，等比例縮小板凳，並拖曳安排位置約如圖示

完成後，點選任一工具，取消選取

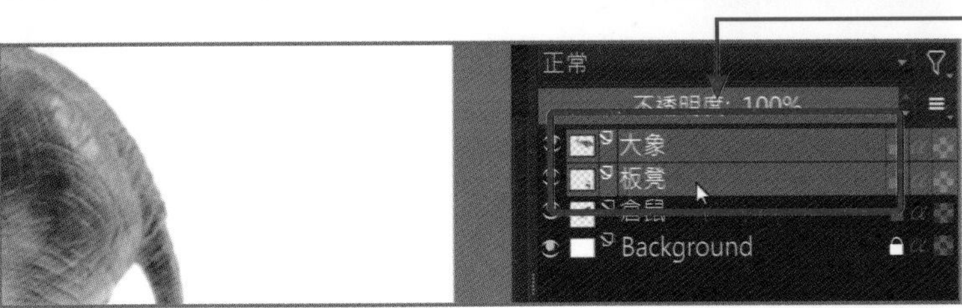

❸ 點選【大象】圖層，再按住 Shift ，點選【板凳】圖層，複選這兩個圖層

❹ 在選取的圖層上按右鍵，點選【群組 / 快速建立群組】

就會出現一個資料夾圖示，將這兩個圖層收納進去(群組起來)囉！

5 按1下資料夾圖示下方的 ∨，可以收合起來喔！(按 >，可再度展開)

群組後的圖層，就可一起移動、縮放、旋轉。

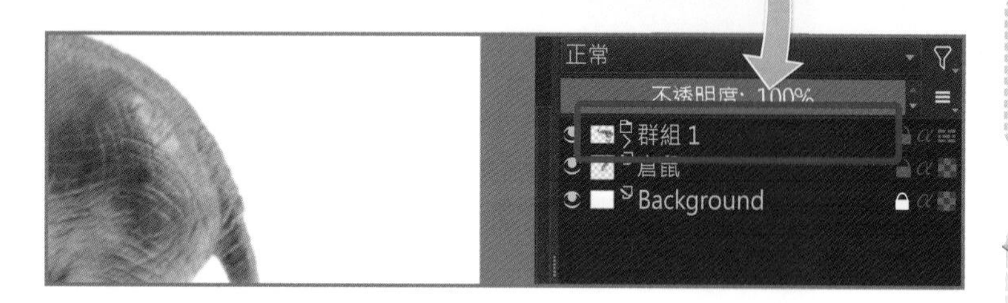

小提示

點2下群組名稱，也可以重新命名喔！

匯入底圖與調整物件位置

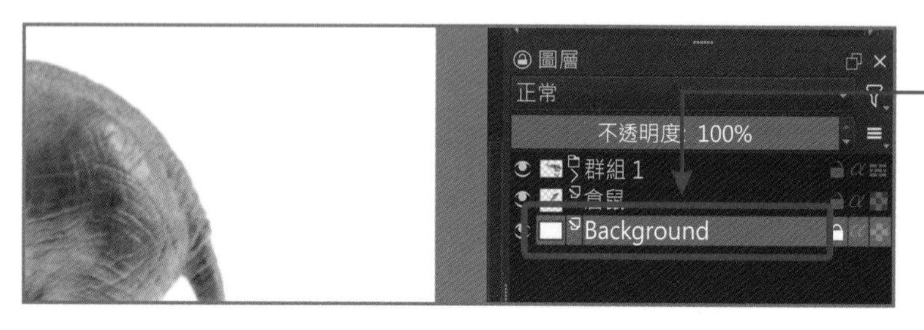

1 點選【Background】圖層

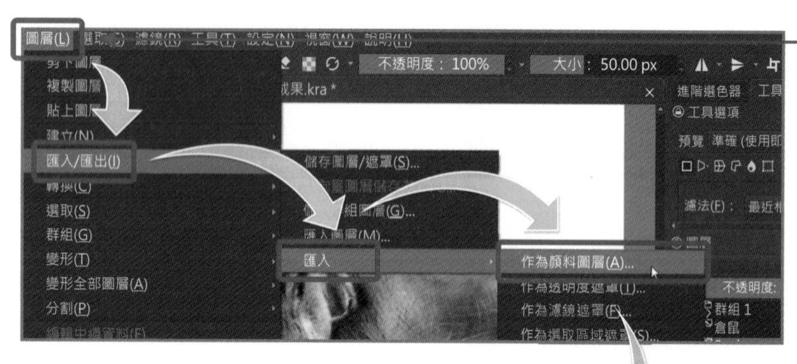

2 按【圖層 / 匯入/匯出 / 匯入 / 作為顏料圖層】

接著匯入【02-底圖.png】

先點選某圖層再匯入，會在該圖層上方直接增加一個圖層，可省去移動的步驟。

加入底圖後，畫面更生動了！

3 陸續點選【群組 1】與【倉鼠】圖層，使用 拖曳調整位置約如圖示

因為大象與板凳被收納在【群組 1】中，所以可一起被移動。

用筆刷手繪線條、寫字與畫影子

1 點選筆刷與設定：

- A 點選【02-底圖.png】圖層，按1下 新增圖層
- B 點選 (手繪筆刷工具)
- C 點選 (b)Basic-1)
- D 不透明度 - 100%
  大小約 - 5.50 px
- E 按【進階選色器】標籤，點一下三角形的最上端，設定為黑色

2 按住左鍵，手繪畫出發抖的線條與寫一個【抖】字

關於筆刷的種類與使用，在往後的課程，有更詳細的講解與練習喔！

❸

更換筆刷與設定：

A 點選 (b)Airbrush Soft)

B 不透明度 - 30%
大小約 - 50.00 px

❹

再到倉鼠與椅腳下方，畫出影子吧！

練習至此，這個作品就完成囉！記得要存檔喔！

檔名：02-大象怕小鼠-成果
格式：kra

按【檔案/另存為】，可存成PNG或JPEG格式，再自行設成桌布喔！

更多有趣的影像合成觀摩

使用身邊隨手可得的素材，你也可以創造出超多有趣的作品喔！

5 圖層糾察隊

開啟【圖層糾察隊】資料夾中的檔案，試著正確安排圖層順序吧！

我是高手 個人專屬公仔

用自己的大頭照，更加分喔！

開啓本課【我是高手】中的照片，去背一下，然後組合成一個公仔吧！

你也可以用自己的大頭照來去背喔！

示範參考

(　) 1 單色背景的影像，最適合用哪個工具來去背？

1.　　　　2.　　　　3.

(　) 2 用鍵盤的哪個按鍵，可以快速放大顯示影像？

1. -　　　　2. #　　　　3. +

(　) 3 在　工具下，按哪個按鈕可以擦除影像？

1.　　　　2.　　　　3.

(　) 4 在　工具下，用哪個模式可以液化(扭曲)影像？

1.　　　　2.　　　　3.

進階練習圖庫　公仔素材

在本課的【進階練習圖庫】，有很多【公仔素材】提供你做練習喔！

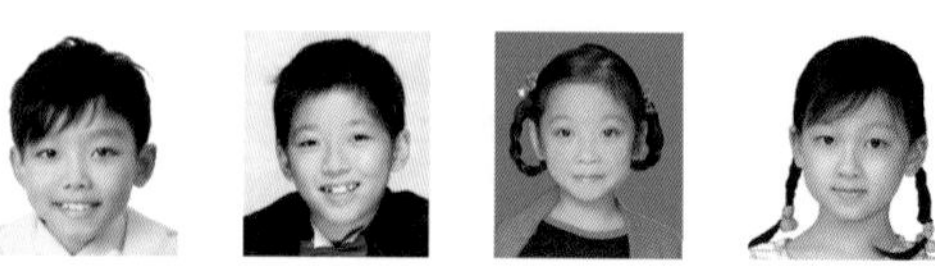

3 大家來畫畫

- 描圖、上色與畫對稱圖案

統整課程

藝術　數學

核心概念

◎ 能認識常用的資訊科技工具與使用方法

◎ 數位資料的表示方法

◎ 了解並欣賞科技在藝術創作上的應用

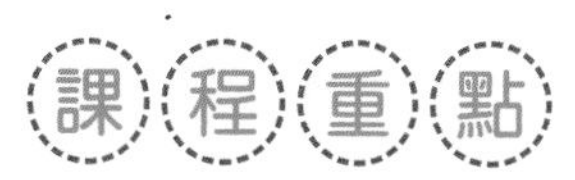

課程重點

◎ 認識筆刷與使用

◎ 學會描繪線條稿

◎ 學會取色、上色與畫明暗

◎ 學會繪製對稱圖案

Krita 筆刷大觀園

Krita 提供超多擬真筆刷讓你來畫圖！讓我們來看看幾個比較具代表性的筆刷與筆觸吧！

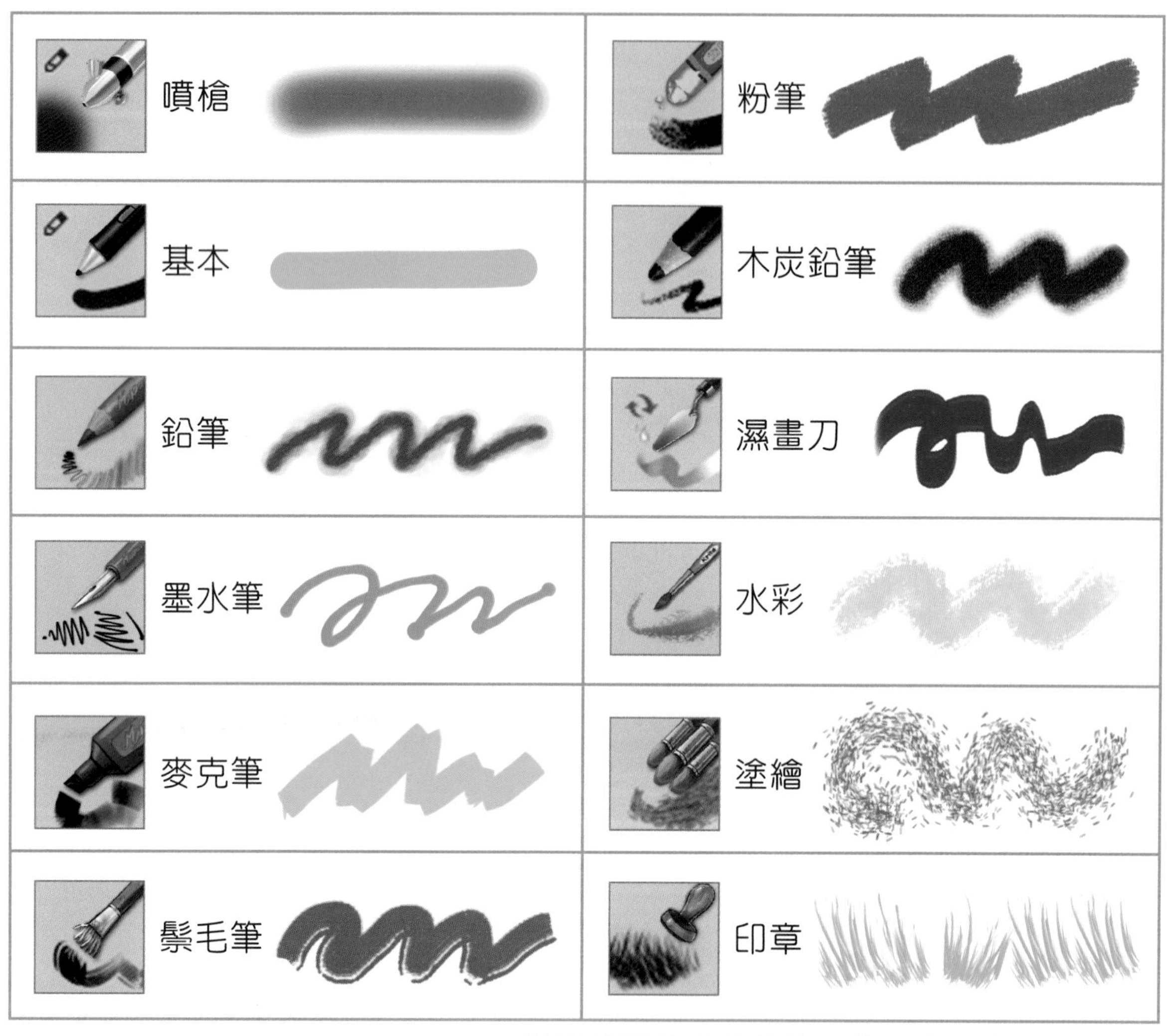

● 搭配繪圖板與數位筆，筆觸表現會更真實喔！

把編輯區比喻為圖畫紙，而滑鼠就像畫筆。如果電腦能連接【繪圖板】，就可以用數位筆取代滑鼠來畫畫，會更順手、像用真的畫筆畫圖喔！

來描線條稿

藉由描圖練習，就可以慢慢學會如何打草稿、畫輪廓線喔！現在來開啟一張圖片，開始練習吧！

練習提要

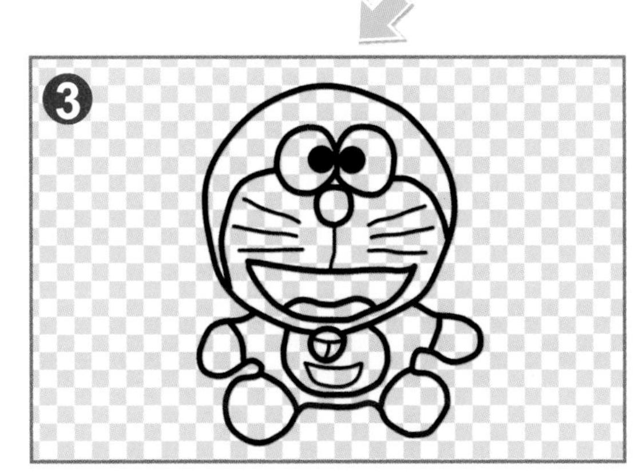

開啟圖片與新增圖層

❶ 啟動 Krita 後，開啟【03-布偶.png】

小提示

開啟檔案的快速鍵：

Ctrl + O

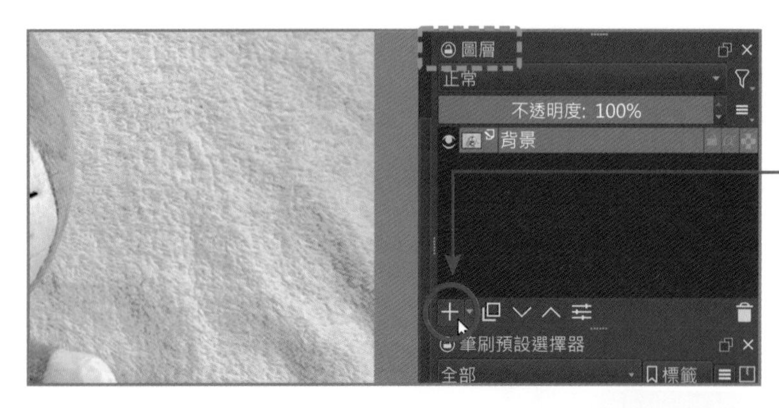

❷ 到圖層面板上，按1下

❸ 出現(新增)了一個顏料圖層

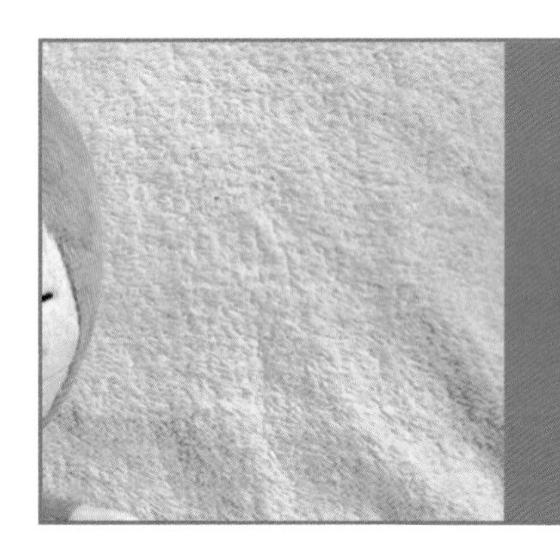

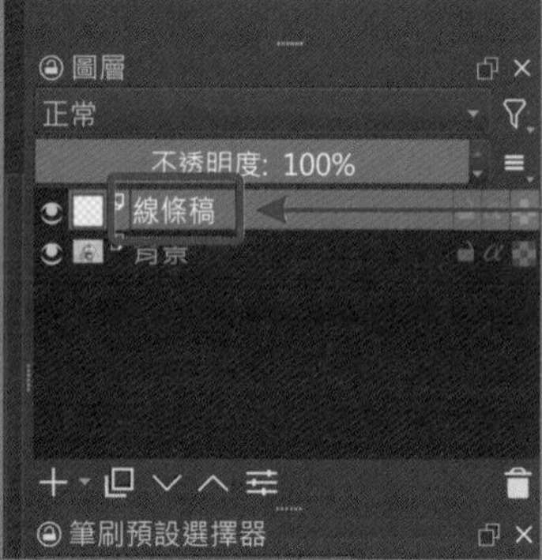

❹ 接著更改圖層名稱為【線條稿】

方法參考第2課P48的❽ ~ ❾。

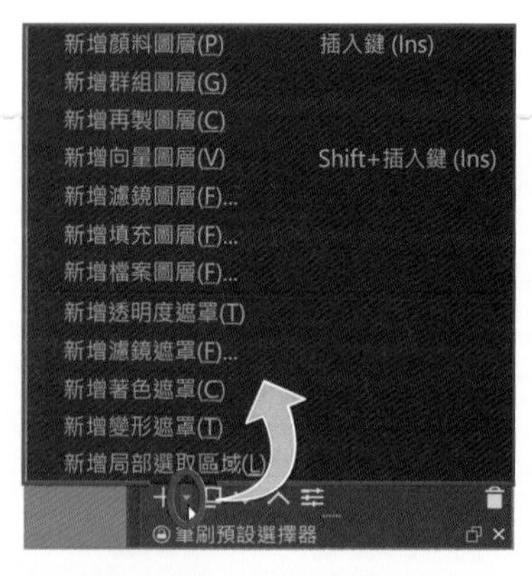

按1下＋，預設是新增【顏料圖層】。若按＋旁的下拉方塊，可選擇想要的圖層。

常用的圖層種類與用途如下：

- ▶ 顏料圖層 - 用筆刷在上面畫圖或做影像處理
- ▶ 向量圖層 - 在上面畫向量圖形
- ▶ 透明度遮罩 - 在不破壞原圖的狀態下，自由改變形狀或做鏤空效果

選取筆刷與設定大小、顏色

1 點選【手繪筆刷工具】

2 點選【b) Basic-1】(基本 1)

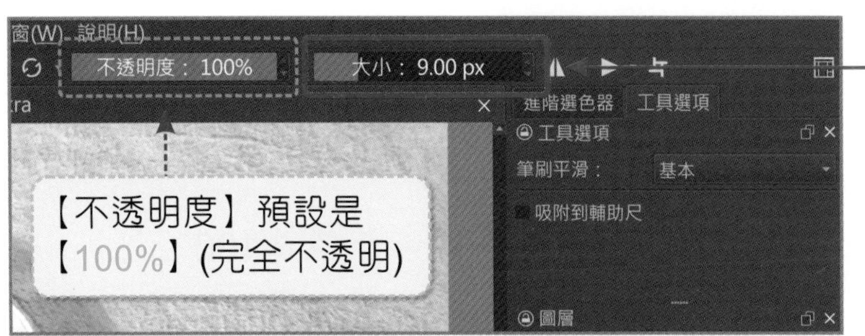

3 在英文輸入模式下，點 1 下【大小】欄，輸入【9】，然後按 Enter 確定

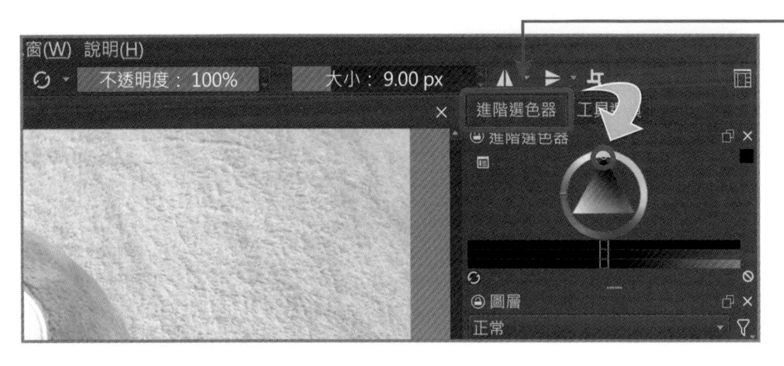

4 按【進階選色器】標籤，點 1 下三角形的最上端，設定為黑色

就像美術課畫素描與畫靜物一樣，用電腦畫圖，也可從【臨摹】開始。藉由臨摹，不僅能熟悉筆刷的使用，也能學到色彩的運用與光影的表現喔！多加練習，慢慢地從無到有做創作囉！

設定防抖

手繪時，常常會出現抖動、不平整的線條 ... 好傷腦筋啊！告訴你一個密技：開啟【防抖】功能就好啦！

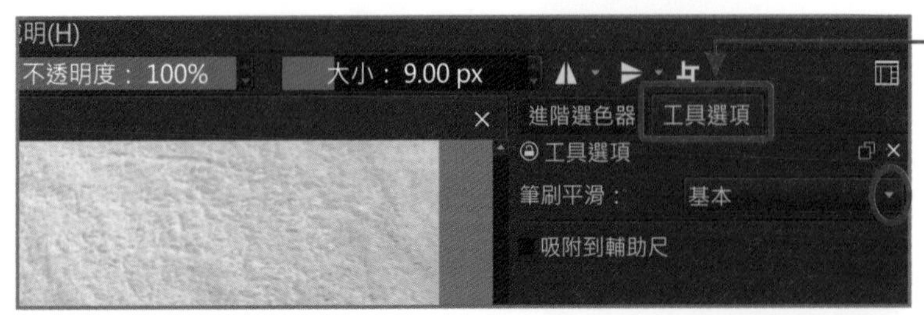

1 按【工具選項】標籤，接著按筆刷平滑項目右方的下拉方塊

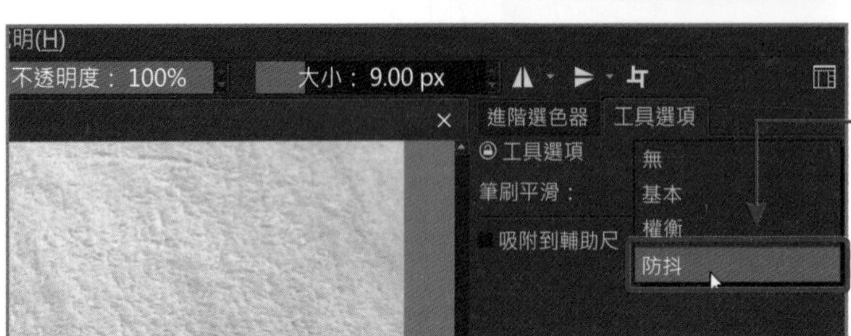

2 點選【防抖】

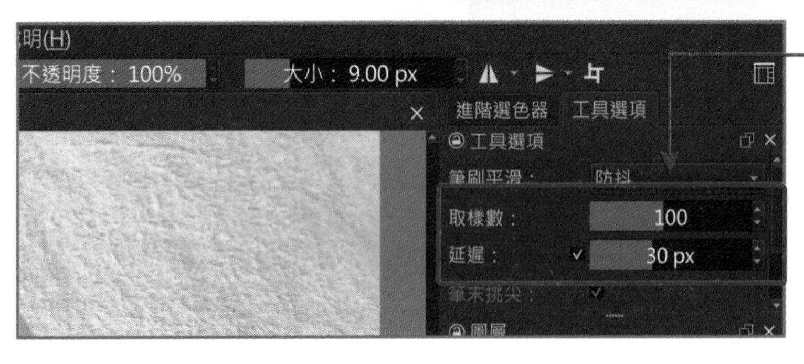

3 取樣數設為100
延遲設為 30 px

取樣數越大，越平滑；延遲越大，筆畫會越慢出現，有助於畫出正確的軌跡，抖動的現象也會越少。

開始描繪線條

1 游標移到鈴鐺左上方的邊緣上 (約圖示位置)，然後按住左鍵不放

❷ 沿著頭部邊緣，慢慢描繪出線條 (終點停在鈴鐺右上方的邊緣)

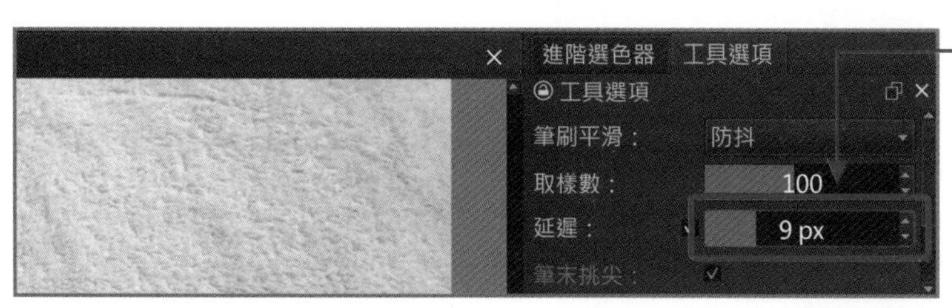

❸ 延遲更改為 9 px

❹ 沿著鈴鐺邊緣，繼續描繪出線條

在繪製輪廓線時，要注意線條必須是封閉的線條！也就是要連接在一起。否則在填入色彩時，顏色會跑出去喔！

封閉的線條

未封閉的線條

5

接著沿著身體邊緣，描出線條，再描出手腳與身體的分隔線

6

繼續描出眼睛外框、鼻子、臉頰、嘴巴、舌頭與肚子的線條

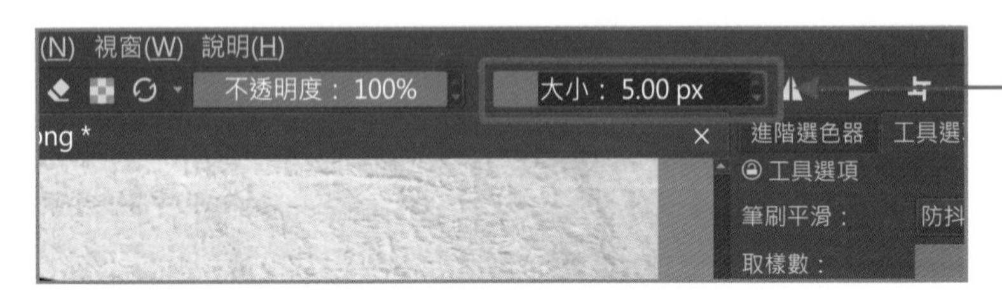

7

大小更改為【5.00 px】

8

接著描出人中、鬍鬚、鈴鐺內的線條與百寶袋

9

大小更改為【45.00 px】，用點1下的方式，畫出兩個眼珠

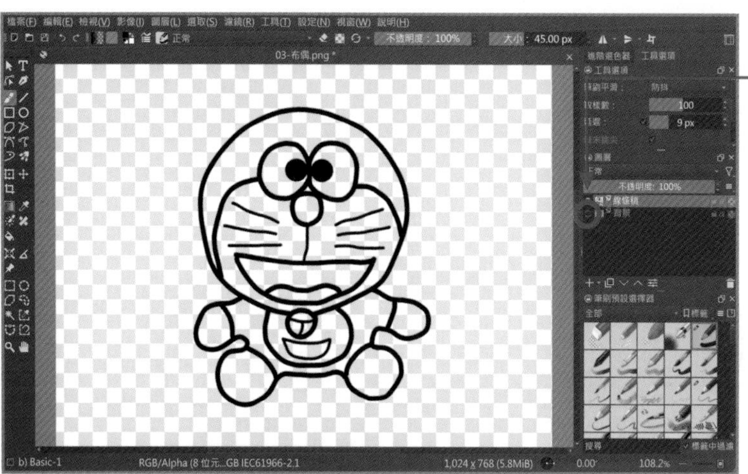

10

點1下【**背景**】圖層前方的 → ，隱藏圖層，即可檢視描繪的線條

若有遺漏，就補畫一下！

> 點1下 ，即可恢復顯示圖層喔！

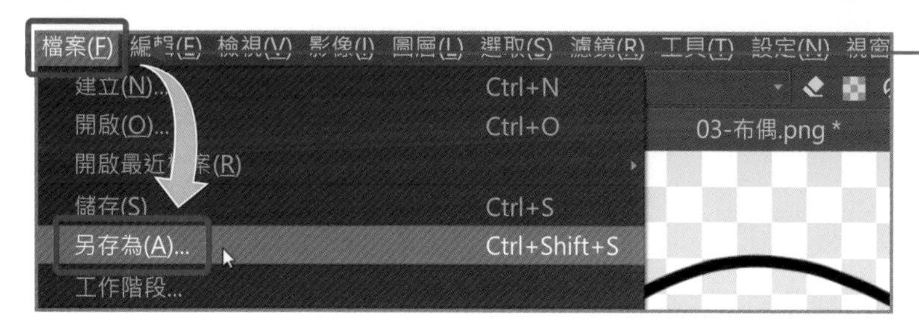

11

按【**檔案 / 另存為**】

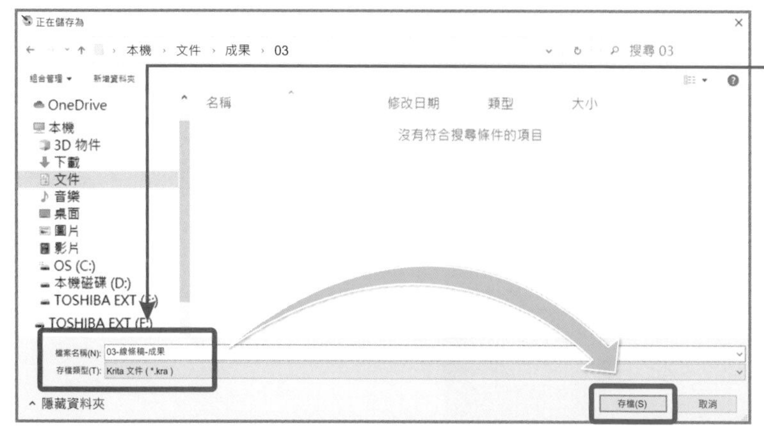

12

存檔類型點選【Krita 文件】、**檔案名稱**輸入【03-線條稿-成果】

然後按【**存檔**】，將線條稿儲存起來吧！

開始上色囉！

線條稿畫好囉！接著讓我們搭配使用填充的技巧與筆刷來上色吧！

練習提要

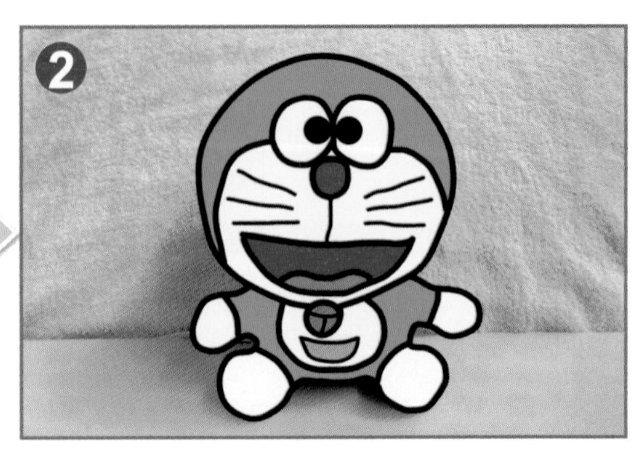

開啓上一節成果與新增圖層

1 開啟上一節的成果，然後點選並顯示【背景】圖層

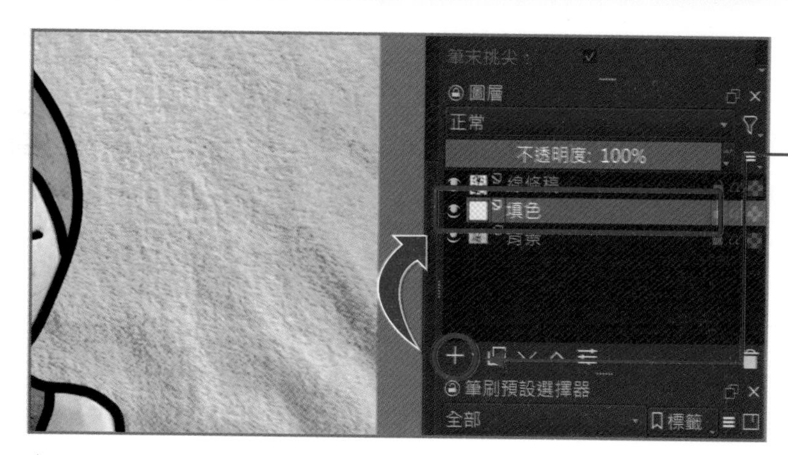

❷ 按 ＋ 新增一個圖層，然後命名為【填色】

連續選取填色範圍

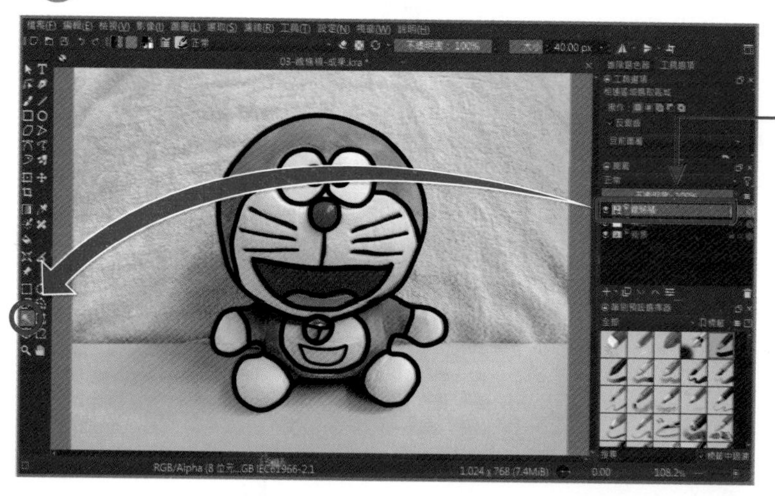

❶ 點選【線條稿】圖層，再點選 【相連選取區域工具】

❷ 先點 1 下圖示頭部區域

❸ 再按住 Shift ，點 1 下圖示身體區域

將顏色相似的區域複選起來，再填入相同顏色，省時省力！

取色與填色

從現成的圖片上直接取色，可以省去自行設定顏色的功夫喔！

❶ 點選【色彩取樣器工具】

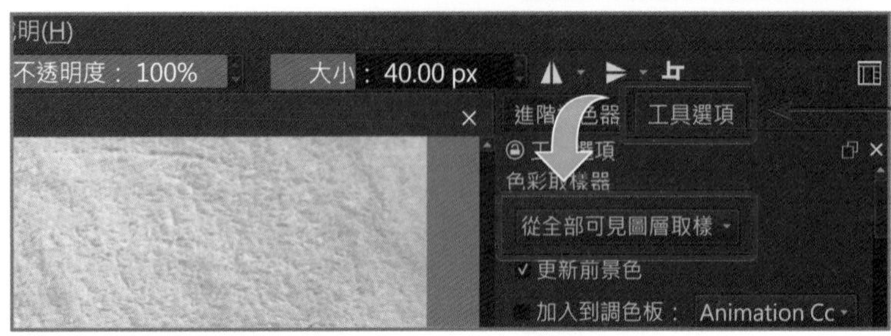

❷ 到【工具選項】標籤下，確認是選在【從全部可見圖層取樣】模式

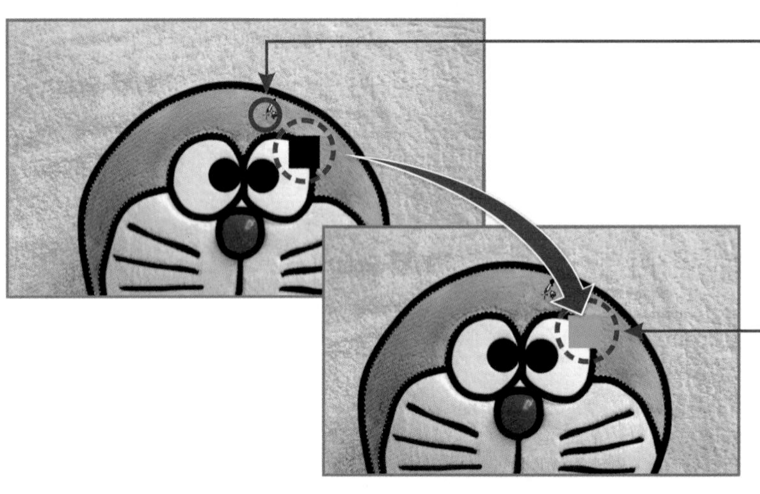

❸ 到大約圖示位置點1下，選取顏色 (游標右下方的色塊，表示目前的選取顏色)

❹ 色塊就變成點選處的顏色囉！

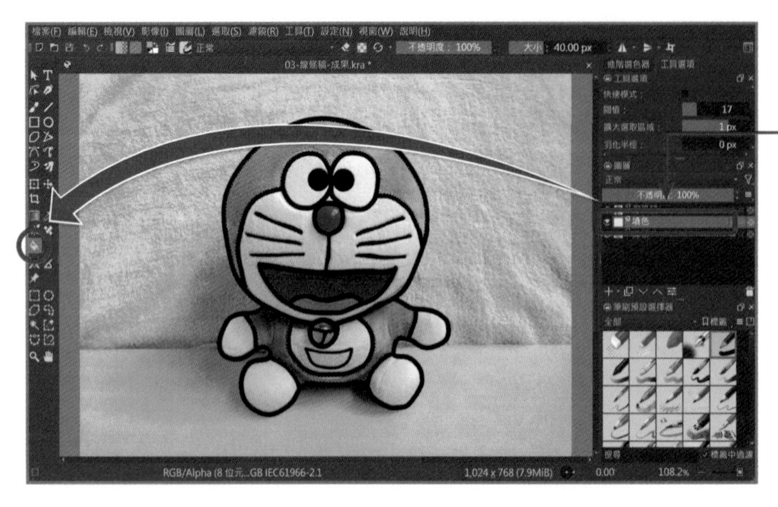

❺ 點選【填色】圖層，再點選【填充工具】

6

到選取範圍裡點1下，就將選取的顏色填上去囉！

在使用與時，也可以按住 Ctrl ，用出現的直接取色。

7

使用連續選取填色範圍與選色、填色技巧，將眼白、臉頰、肚子、手與腳，都填入相同顏色

注意

在【線條稿】圖層做選取
在【填色】圖層做填色。

8

接著分別填好鼻子、嘴巴、舌頭、鈴鐺與百寶袋的顏色吧！

底色上好囉！
再來畫明暗吧！

鎖定透明區域

鎖定圖層透明區域，可以防止塗抹顏色時，顏色跑出底色外面，很適合用在畫暗部與亮部時使用。

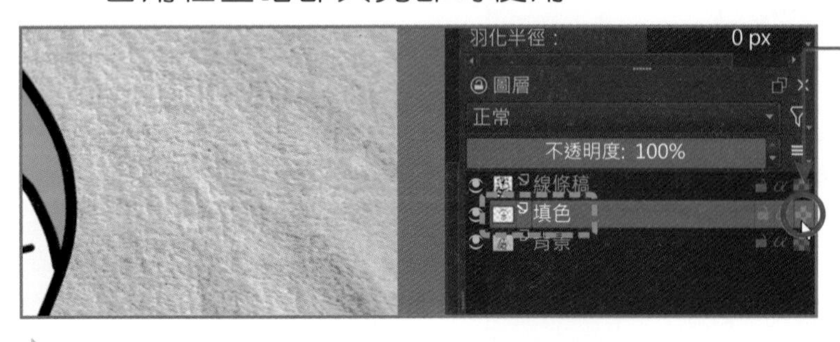

❶ 按1下【填色】圖層的 ，鎖定該圖層上透明區域

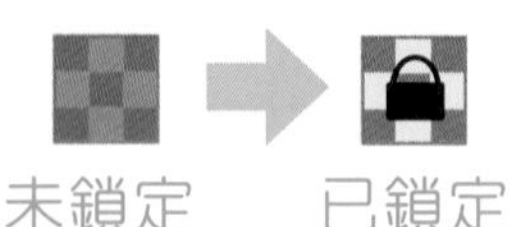

設定色彩深淺與繪製明暗

❶ 點選 ，然後到頭部藍色區域點1下，吸取顏色

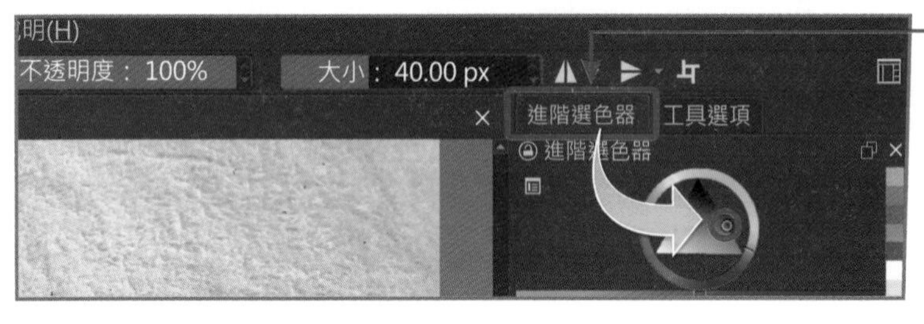

❷ 點選【進階選色器】標籤，拖曳三角形上的小圓圈到約圖示位置，設定為較深的藍色

自訂顏色與深淺

在沒有參考圖片可取色，或想自訂顏色時，有以下兩個方法：

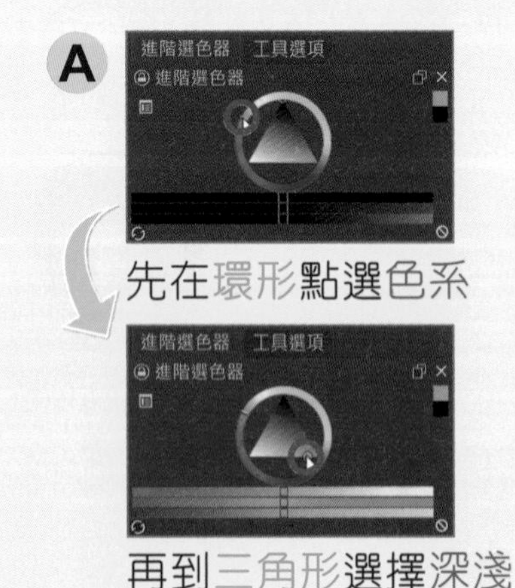

A 先在環形點選色系

再到三角形選擇深淺

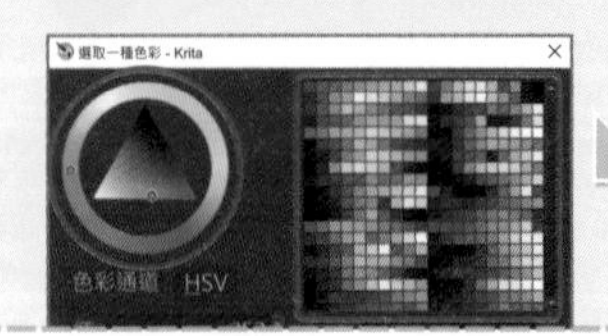

B 先到功能表下方，點1下選取前景色色塊

就可以點選預設顏色，或仿照 A 方法自訂顏色囉！

3
點選 ，再到筆刷面板點選 (d) Ink-8 Sumi-e)
(墨水8-水墨畫筆)

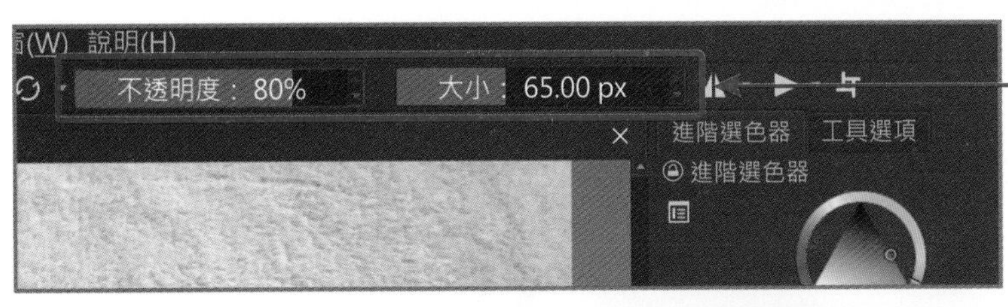

4
不透明度設為【80%】
大小設為【65.00 px】

小提示
更改筆刷大小快速鍵：
(需在英文輸入模式下)
{ 放大
} 縮小

5
確定位於【填色】圖層，然後到圖示位置畫出暗部

6
更改筆刷大小約 20.00，畫出身體上的暗部

7

更改顏色與筆刷大小，繼續畫出手腳的暗部，與頭上的亮部

8

新增圖層與填入顏色：

- **A** 點選【背景】圖層後，按1下 ＋ 新增圖層
- **B** 點選
- **C** 不透明度：100%
- **D** 使用P68下方的提示技巧，設定顏色為
- **E** 到圖示位置點1下，填入顏色

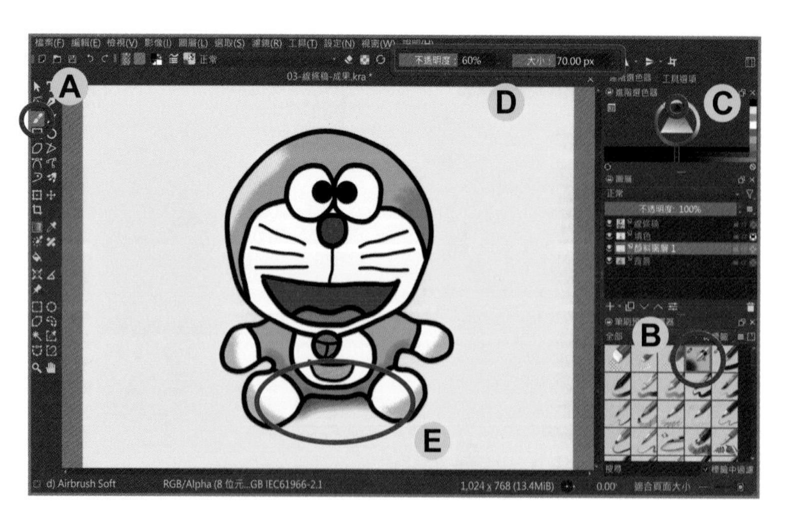

9

畫上陰影：

- **A** 點選
- **B** 點選
  (b) Airbrush Soft)
  (噴槍-柔和)
- **C** 設定為黑色
- **D** 不透明度 - 60%
  大小 - 70.00 px
- **E** 到下方畫出陰影

10
最後再使用 ，(b) Basic-1)(基本1) 簽上你的大名吧！

練習至此，這幅手繪作品就完成囉！記得按【檔案/另存為】，儲存起來喔！

檔名 - 03-卡通人物-成果
格式 - kra

進階手繪大作觀摩

善用筆刷、多加練習，相信你也可以創作出更多手繪大作喔！加油！

用對稱功能畫蝴蝶

Krita 還有一個很特殊的【對稱】功能，可以讓你快速畫出左右或上下對稱的圖案喔！快來試試！

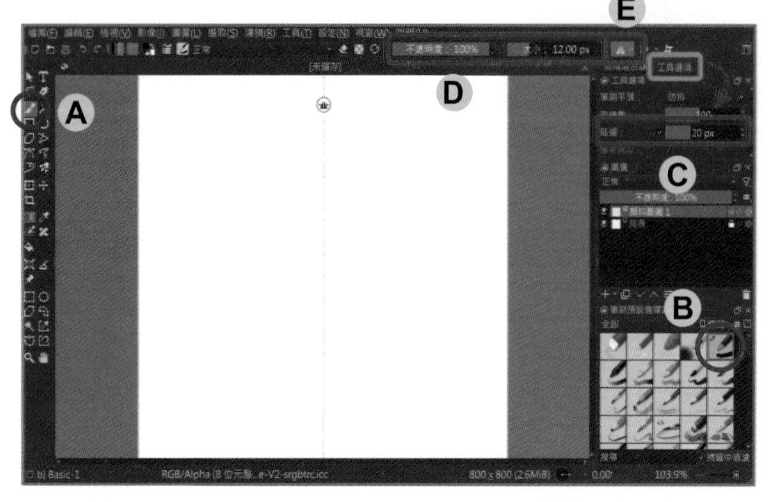

1

新增一個 800 x 800 , 72 解析度的空白檔案後，設定筆刷與開啟對稱功能：

A 點選 

B 點選

C 到【工具選項】標籤下，延遲設為【20 px】

D 不透明度 - 100%
大小 - 12.00 px

E 按 1 下 ，開啟【水平對稱繪畫工具】

2

到【進階選色器】設定顏色為黑色後，在圖示位置畫出一個圓圈圈

右邊也會同步產生一個水平鏡像的圖形

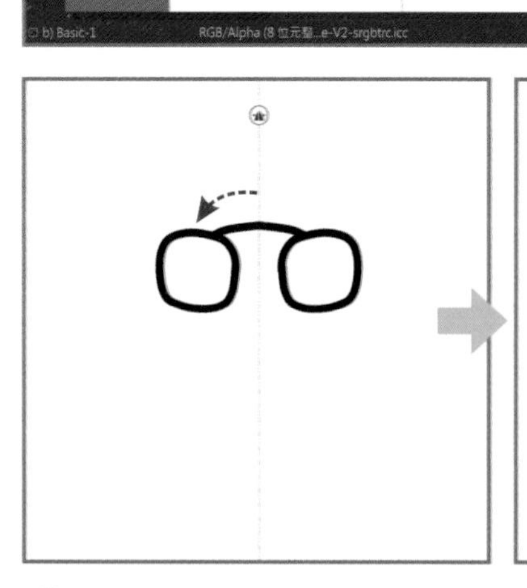

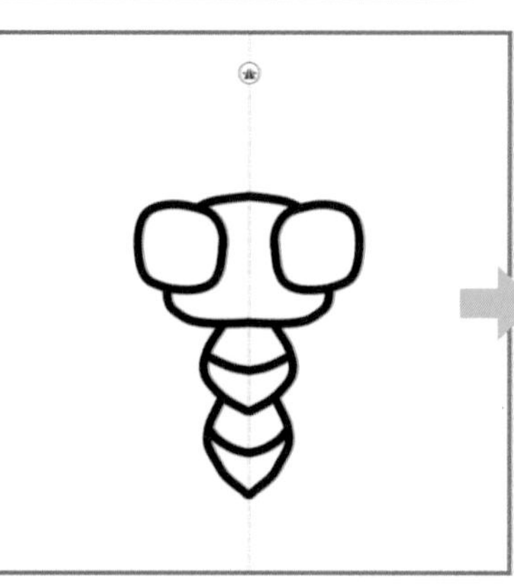

3 接著使用相同的技巧，慢慢陸續畫出蝴蝶的輪廓線、嘴巴與觸鬚

❹ 按 ，填入想要的顏色

❺ 按 ，設定大小與顏色，陸續畫(點)出眼睛、斑紋與觸鬚末端圖案

斑紋也可以用畫的喔！
大家就自由發揮吧！

❻ 最後再按1下 ，取消對稱功能，這隻漂亮的蝴蝶就完成囉！記得要存檔喔！

我是高手 再畫一個拉拉熊吧！

開啟本課【我是高手】中的圖片，再臨摹畫出一個卡通人物吧！

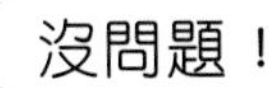

示範參考

( ) 1 到哪個標籤或面板下，可以設定【防抖】功能？

1. 工具選項　　2. 進階選色器　　3. 圖層

( ) 2 用哪個工具可以吸取顏色？

1.　　2.　　3.

( ) 3 想隱藏圖層，要按哪個按鈕？

1.　　2.　　3.

( ) 4 想鎖定圖層透明區域，要按哪個按鈕？

1.　　2.　　3.

玩偶照片

在本課的【進階練習圖庫】，有很多【玩偶照片】提供你做練習喔！

4 我的表情貼

- 向量繪圖

統整課程

藝術 綜合

核心概念

◎ 能認識常用的資訊科技工具與使用方法
◎ 具備使用基本科技與資訊工具的能力
◎ 能使用資訊科技與他人建立良好的互動關係

課程重點

◎ 知道向量繪圖的好處
◎ 學會繪製向量圖形
◎ 學會調整圖案形狀
◎ 學會設定漸層顏色

向量繪圖的好處

不同於筆刷畫圖，藉由【點】連成【線】(可以是直線，也可以是曲線)，再形成【面】，是繪製向量圖形的基本畫法！而向量繪圖最顯著的優點，有以下三個：

1 印刷清晰

不管圖形縮到多小，或放到多大，印刷出來，都一樣清晰銳利。

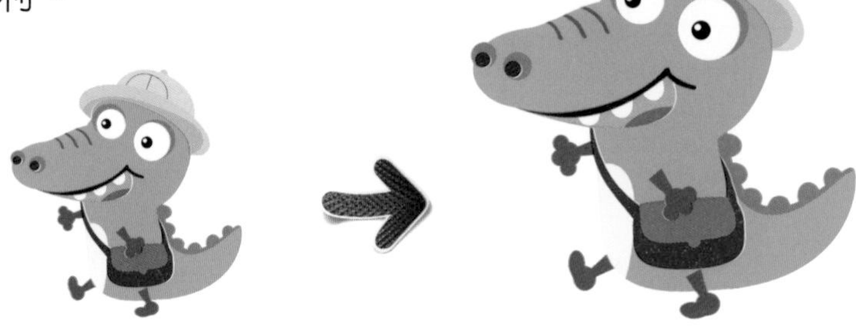

2 檔案小

相較於點陣圖，儲存的檔案容量小很多，不會佔用太多磁碟空間。

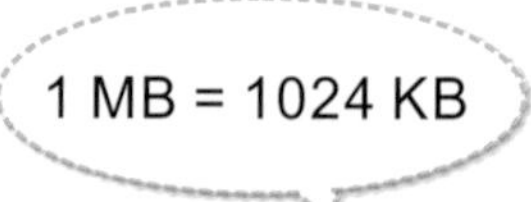

向量圖 - 636 KB

點陣圖 - 3.19 MB

3 好修改

只要改變【點】與【線】，即可輕鬆修改形狀；更改顏色也很容易！

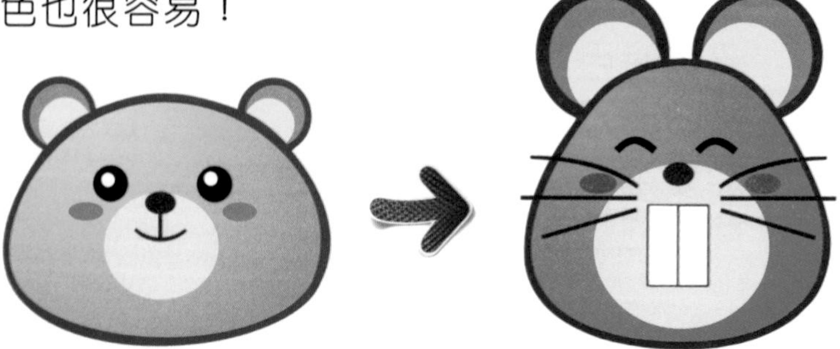

畫臉型與填上漸層色

現代的人際互動，常以手機即時訊息來溝通，為了加強聊天互動的效果，有助於同理對方的感受，表情貼 (符號) 就成了最佳工具。現在就來設計一隻微笑小熊當表情貼，從臉部開始畫起吧！

練習提要

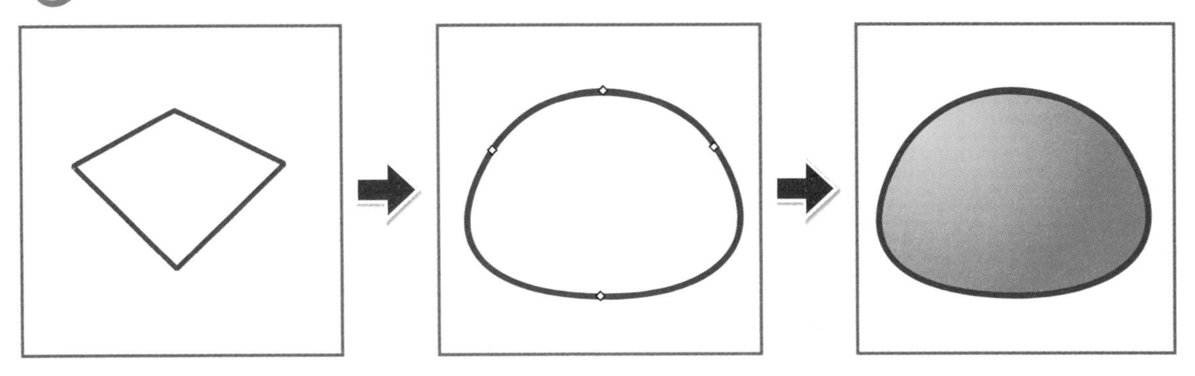

新增檔案與刪除圖層

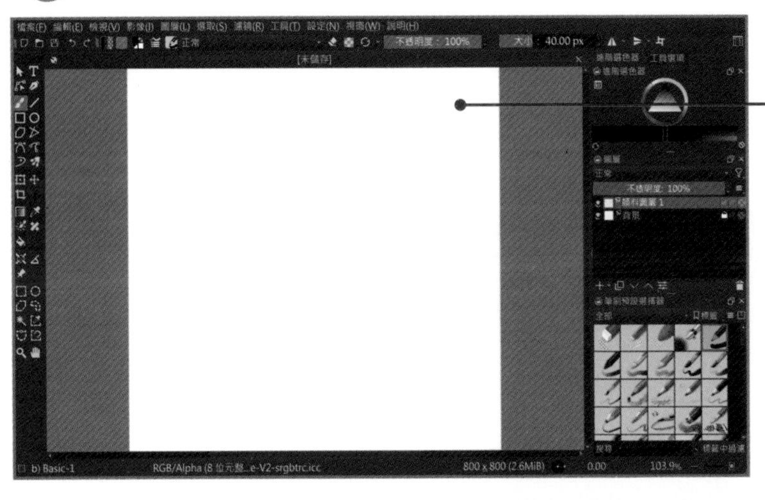

1 新增一個 800 x 800, 72 解析度的空白檔案

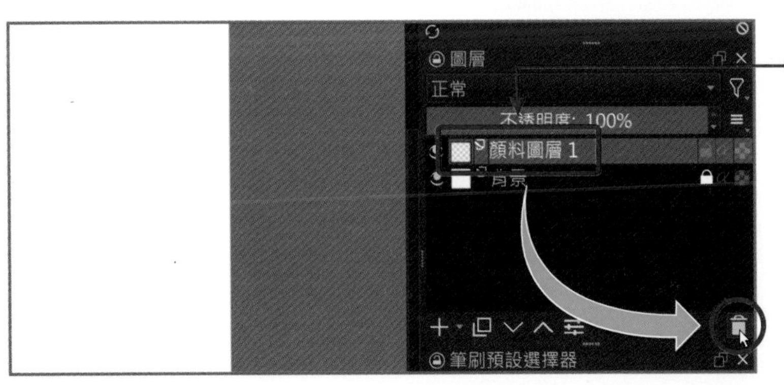

2 點選預設的【顏料圖層 1】，然後按 【刪除圖層或遮罩】

新增向量圖層

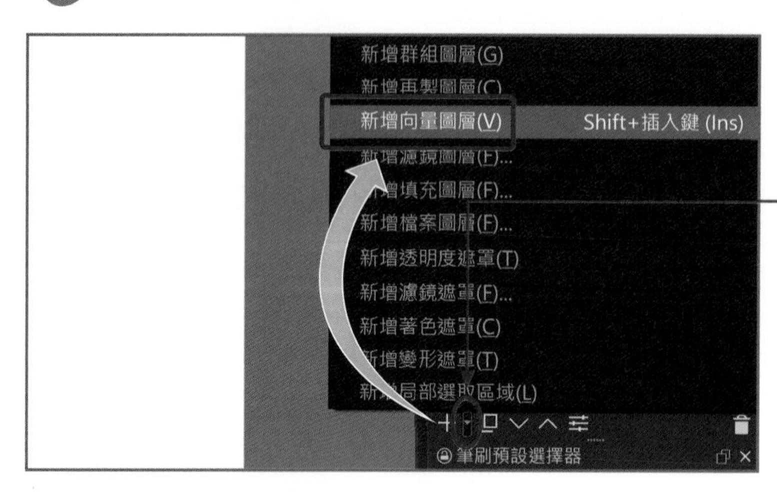

❶ 按 右邊的下拉方塊，點選【新增向量圖層】

用貝茲曲線工具畫基本形狀

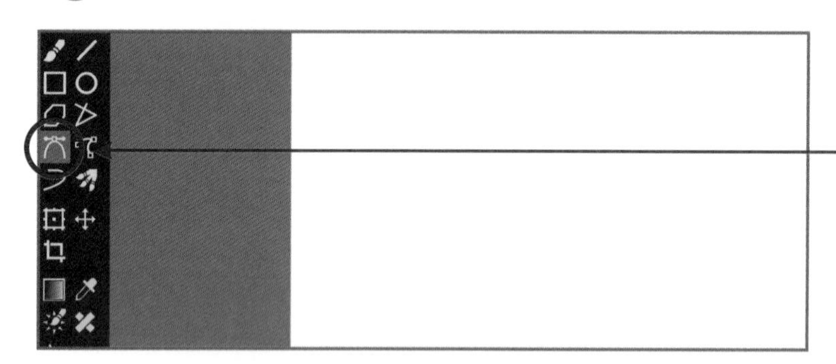

❶ 點選 【貝茲曲線工具】

❷ 到【工具選項】下，確認是：

填充 - 無填充

描邊 - 筆刷

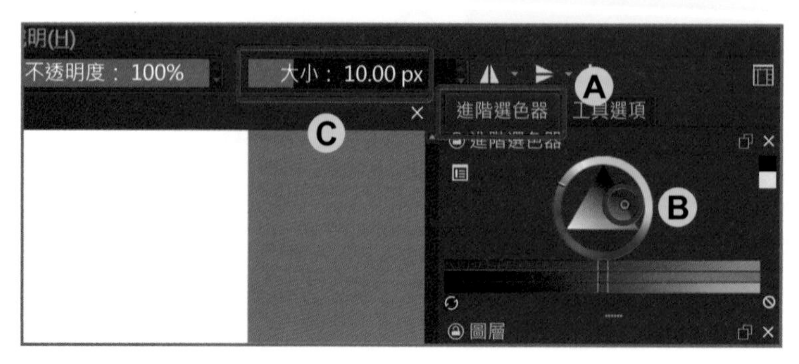

❸ 接著設定：

A 按【進階選色器】標籤

B 設定約圖示顏色

C 大小設定為 10.00 px

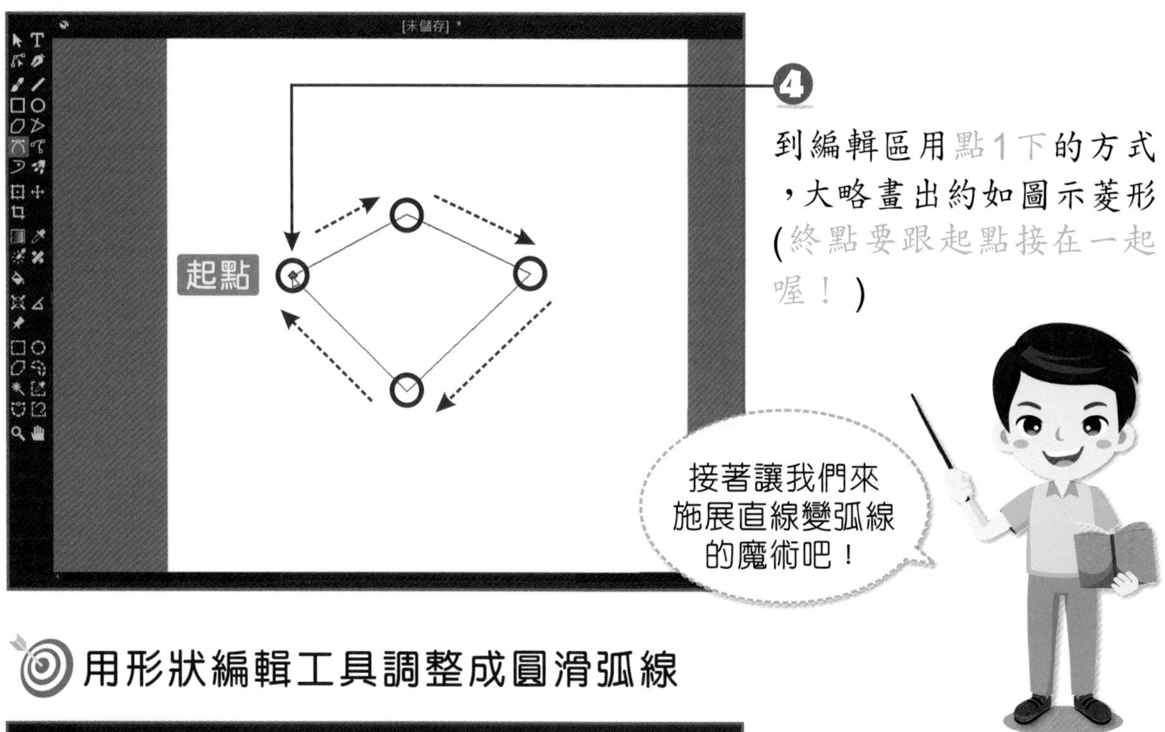

起點
接著讓我們來
施展直線變弧線
的魔術吧！

4 到編輯區用點1下的方式，大略畫出約如圖示菱形(終點要跟起點接在一起喔！)

用形狀編輯工具調整成圓滑弧線

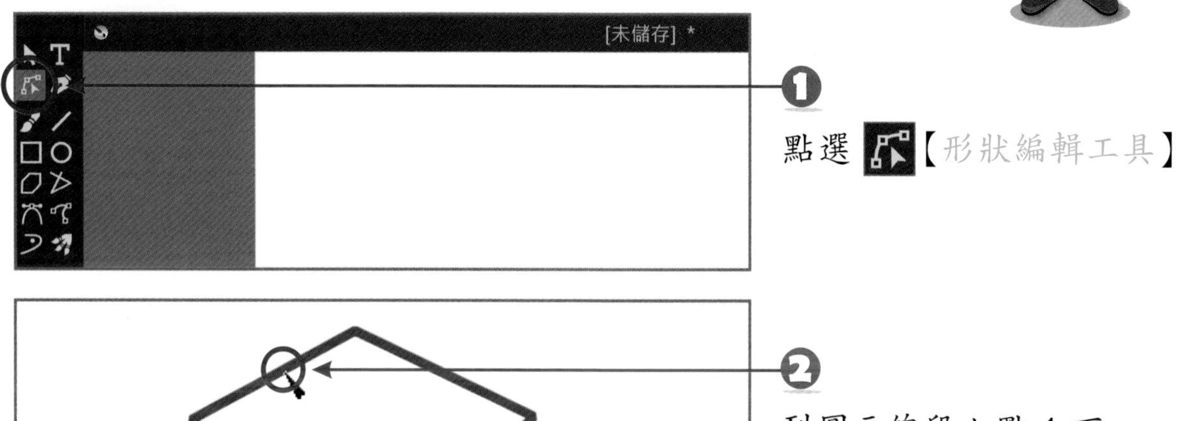

1 點選【形狀編輯工具】

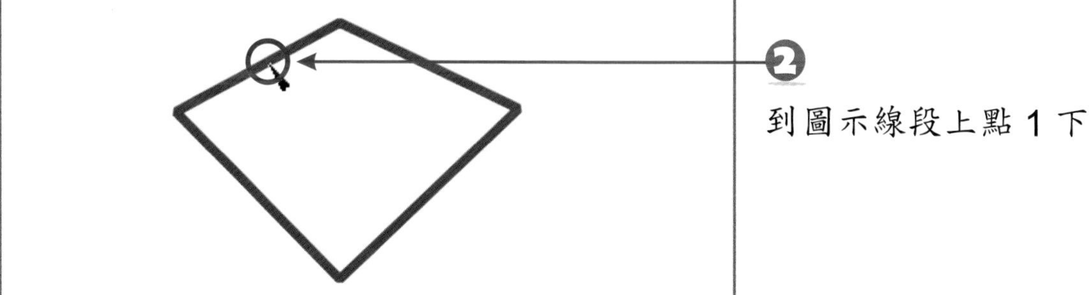

2 到圖示線段上點 1 下

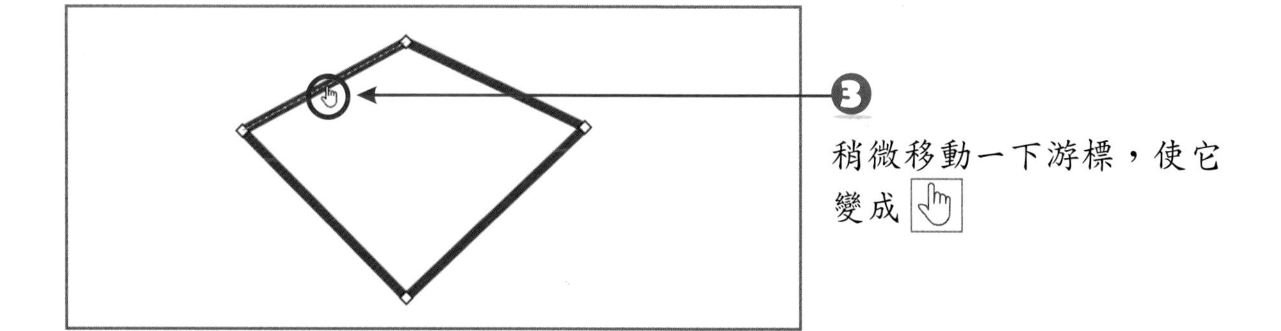

3 稍微移動一下游標，使它變成

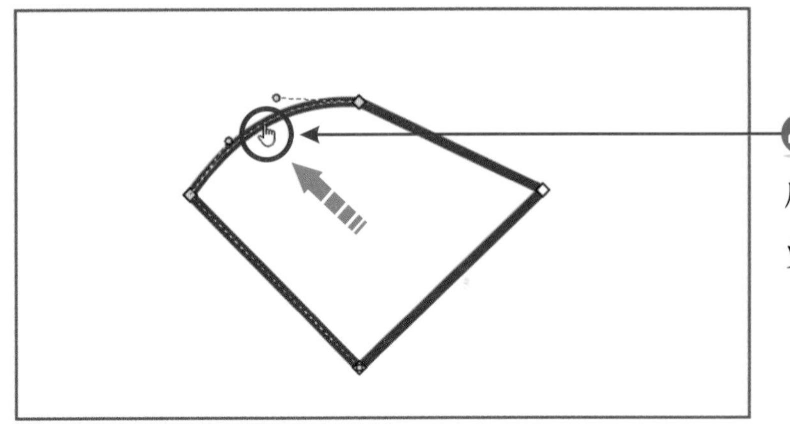

4

用 [手形圖示] 按住左上線段，拖曳出約如圖示的弧線

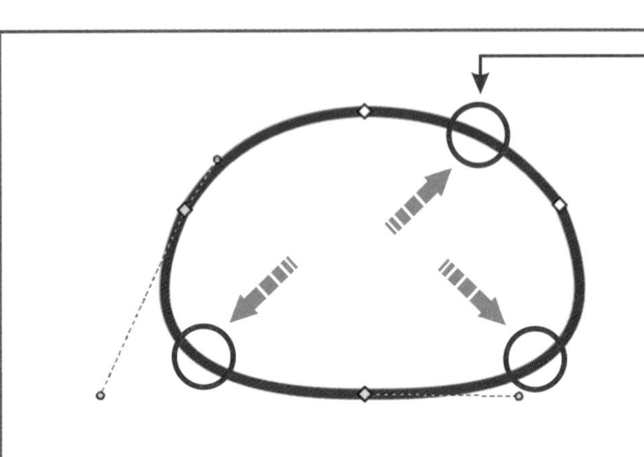

5

接著再拖曳其他三個直線成弧線，約如圖示

直線變弧線，這也太神奇了！

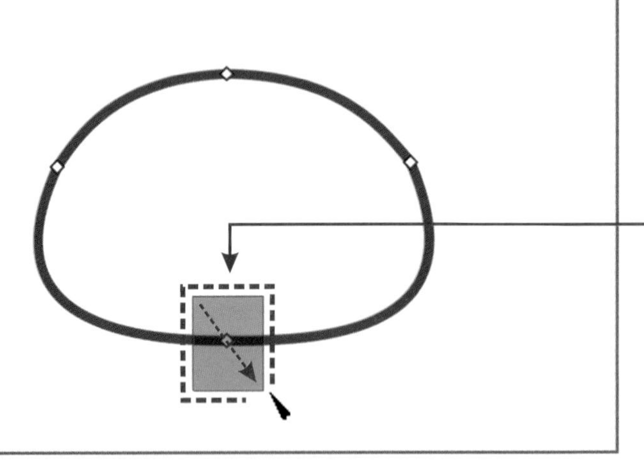

6

用拖曳框選的方式，選取下方的節點

在繪圖或修改形狀時，除了可用 + 或 - 來縮放畫面，你也可以用滑鼠滾輪喔！

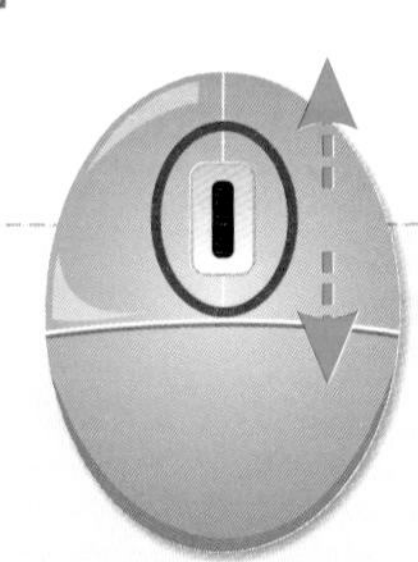

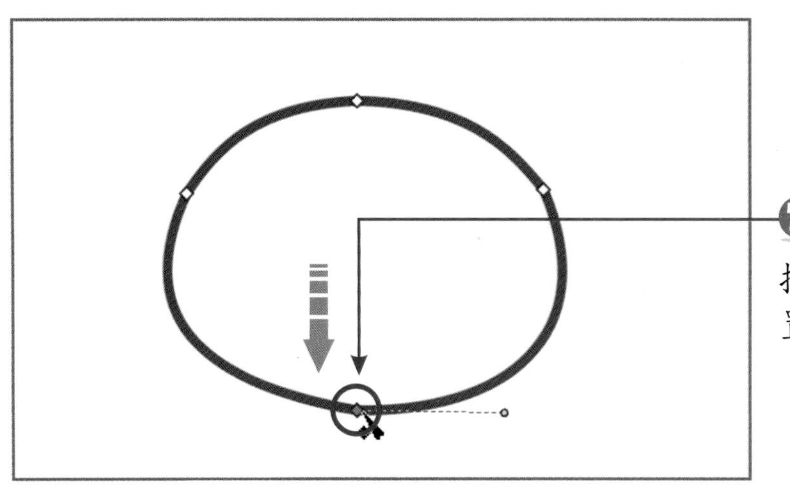

7
按住節點，可拖曳調整位置 (形狀也會跟著變動)

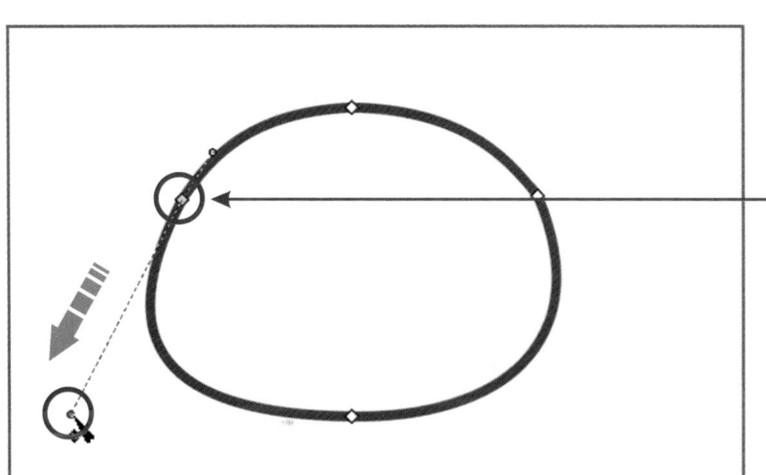

8
點選圖示節點，再拖曳橫桿端點，調整弧度

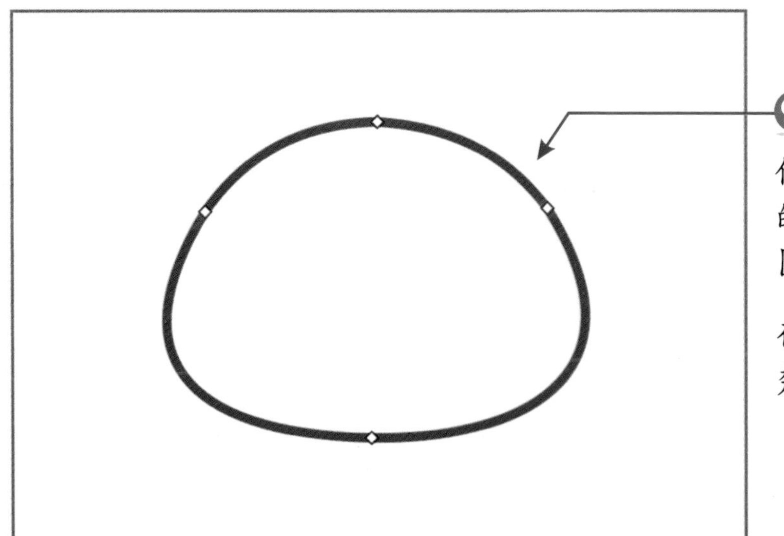

9
使用拖曳節點與橫桿端點的技巧，慢慢調整出約如圖示的形狀吧！

在空白處點1下，可更清楚檢視形狀喔！

填入漸層色彩

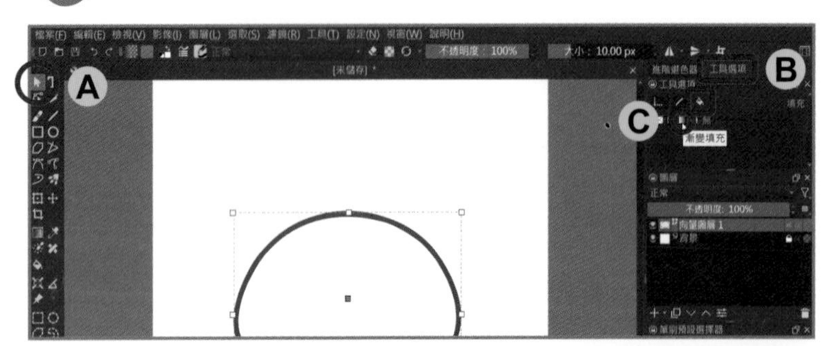

❶

設定：

A 點選 【形狀選取工具】

B 點選【工具選項】

C 按 ，然後點 1 下 (漸變填充)

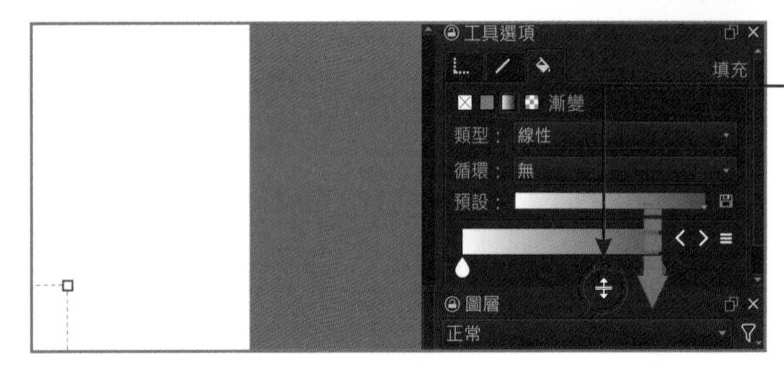

❷

按住與圖層面板間的 ，向下拖曳，直到出現漸層設定軸

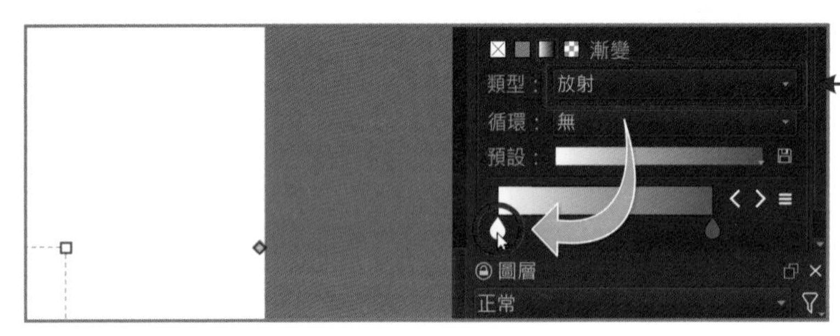

❸

類型點選【放射】後，點 2 下左方的水滴圖示 (起點顏色)

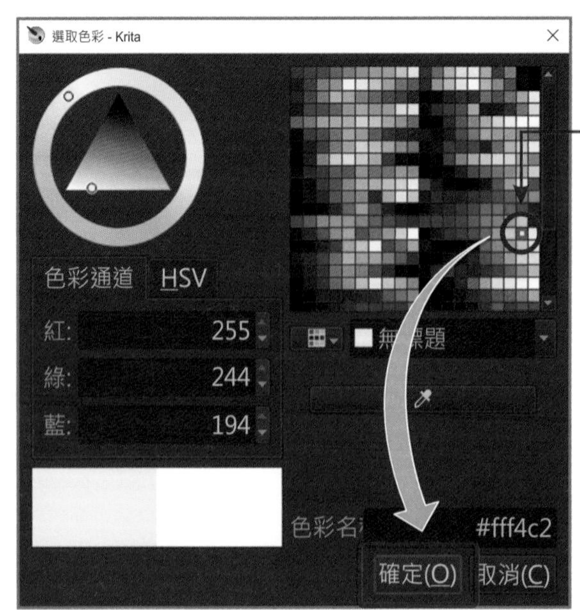

❹

點選圖示顏色 後，按【確定】

你也可以用左上方的環形 (色系) 與三角形 (深淺) 來自訂顏色喔！

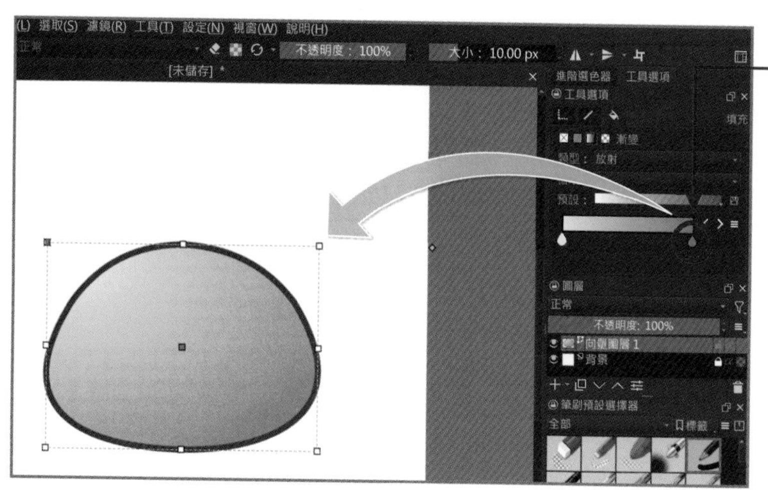

5 仿照 3 ~ 4 技巧，設定終點顏色約如圖示

注意

若因不明原因，點2下右方水滴圖示卻沒反應，可改用下方所示步驟來完成設定。

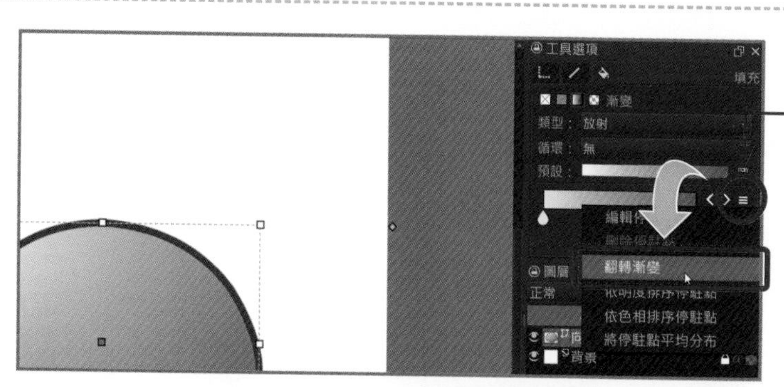

1 按漸層設定軸右方的 ☰，點選【翻轉漸變】

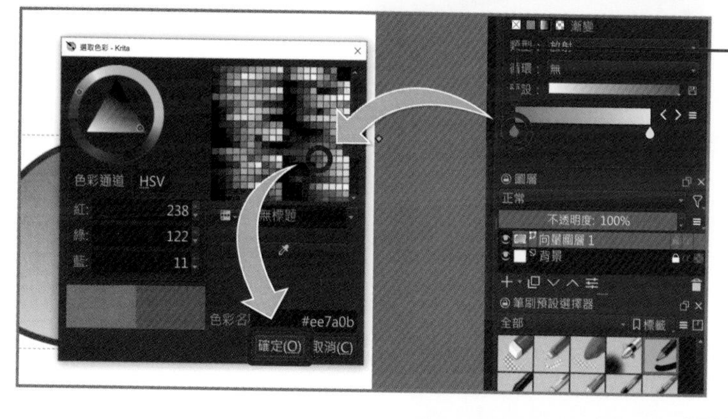

2 點2下左方水滴圖示，然後設定顏色

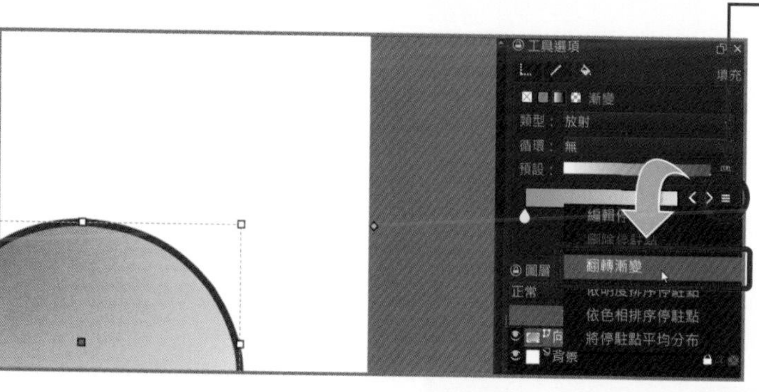

3 再按 ☰，點選【翻轉漸變】，就完成囉！

練習至此，預先儲存一下目前的成果吧！
檔名：04-小熊-成果
格式：kra

繪製五官與腮紅

有了基本的臉型後，就可以開始畫五官囉！對了！加兩個腮紅會更可愛喔！Let's Go！

練習提要

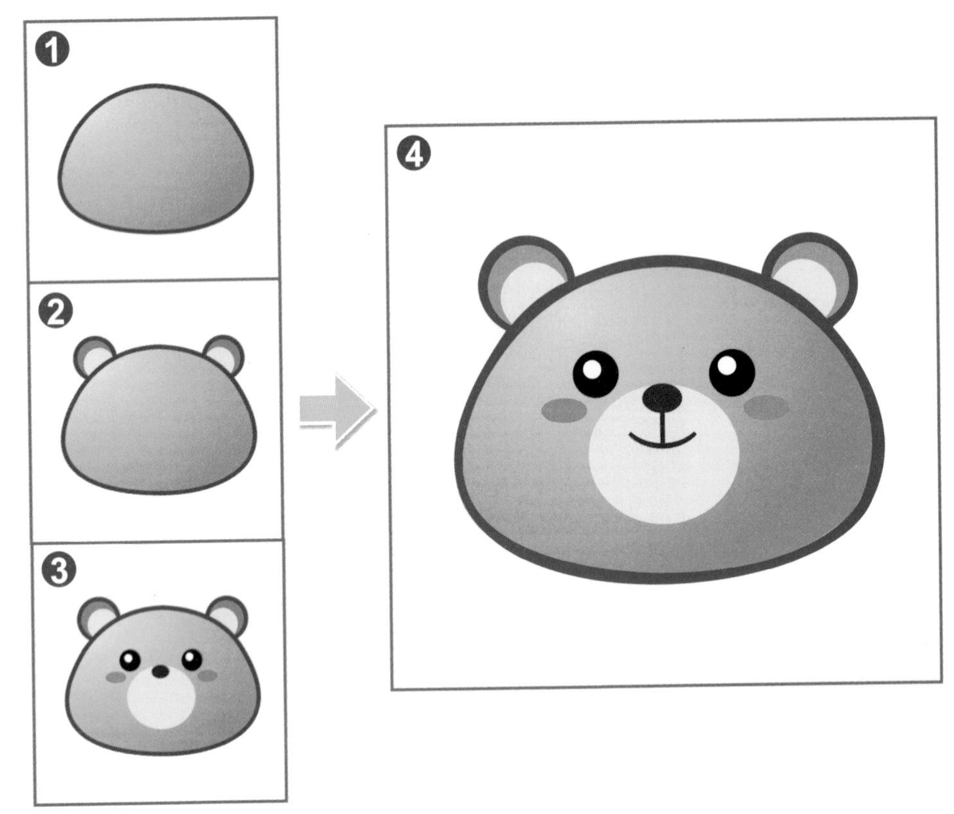

開啟檔案

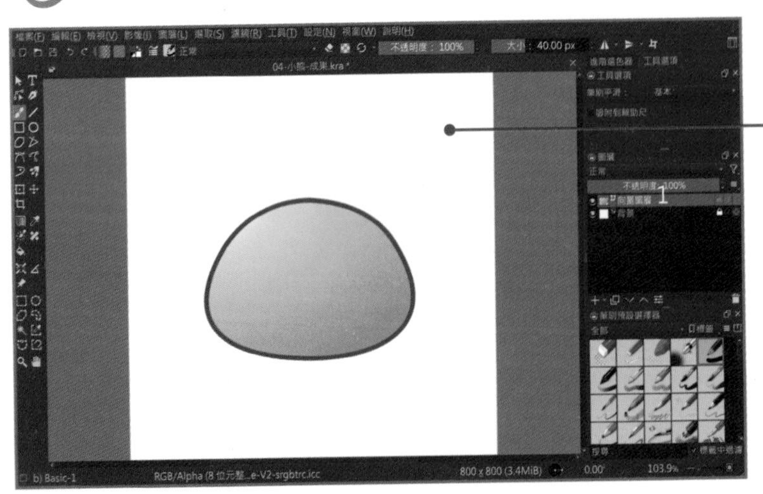

❶ 開啟上一節的練習成果（04-小熊-成果.kra）

新增向量圖層與繪製耳朵

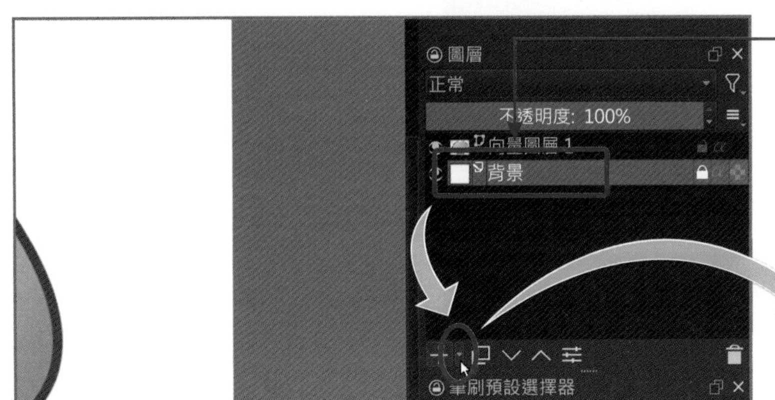

1 點選【背景】圖層後，按 ＋ 的下拉方塊，新增一個向量圖層

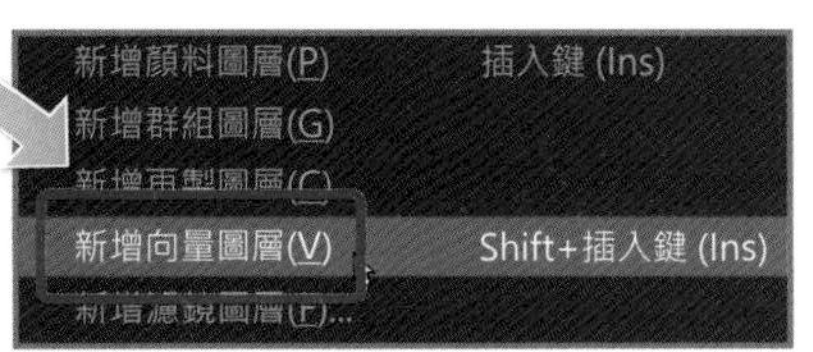

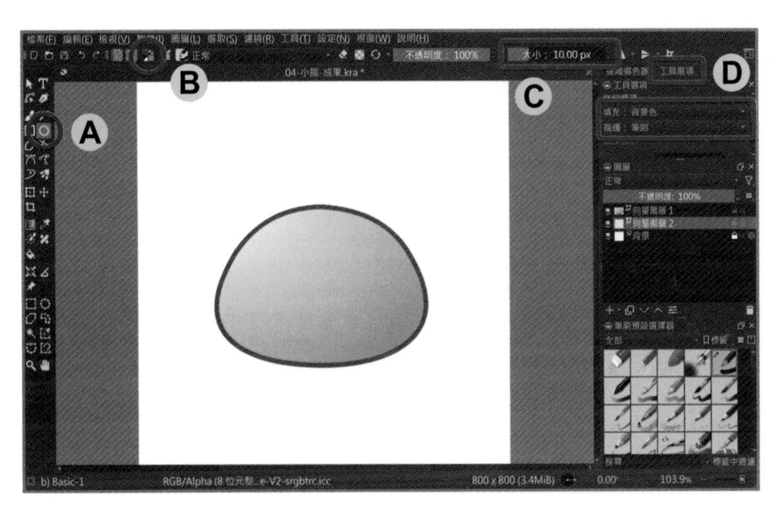

2 點選工具與設定：

A 點選 〇【橢圓工具】

B 前景色設為

背景色設為

C 大小設為 10.00 px

D 到工具選項標籤下，填充設為背景色 描邊設為筆刷

小提示

設定前景色與背景色的方法，請參考第3課第68頁下方的說明。

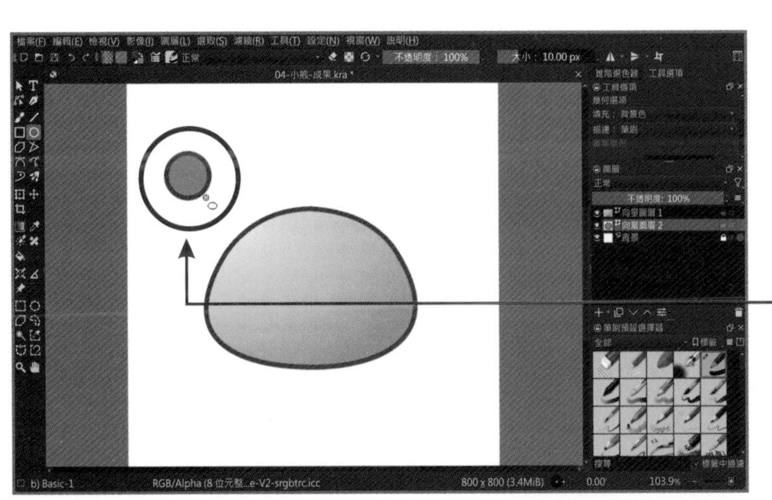

3 按住 Shift ，在圖示位置拖曳畫出一個正圓形，約如圖示大小

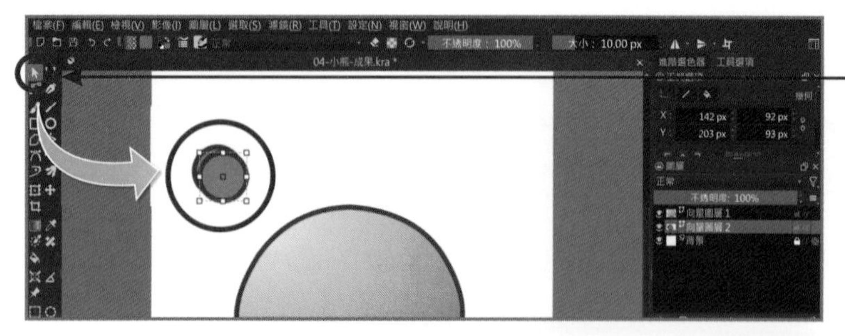

❹ 複製與貼上

按 ，點選圓形後，先按 Ctrl + C 複製，再按 Ctrl + V 貼上

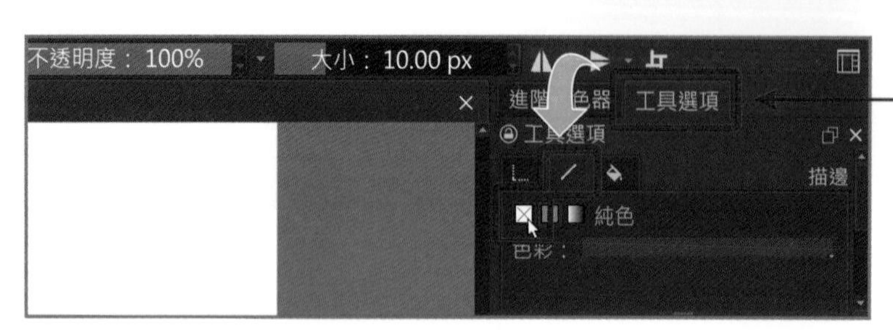

❺

到工具選項標籤下，先按 ，再按 ，設為無外框

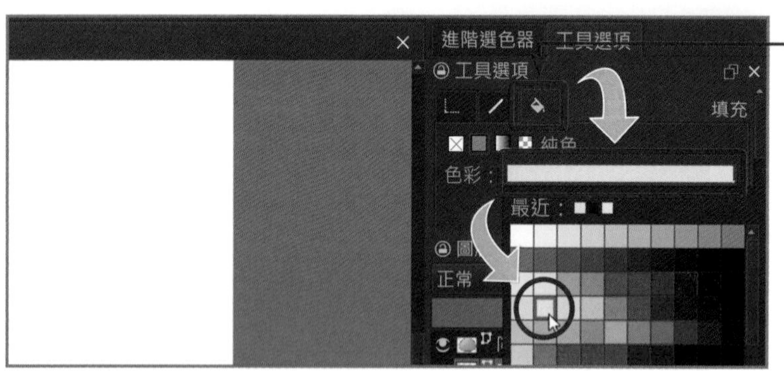

❻

按 ，再點 1 下色彩的的長條色塊，接著點選

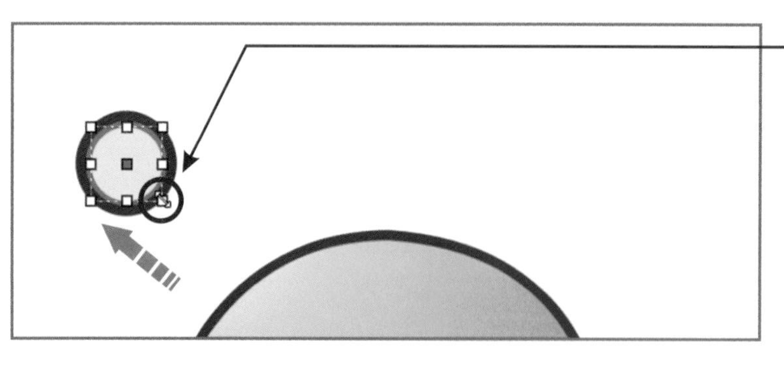

❼ 等比例縮放

按住 Shift，拖曳右下角的控點，等比例縮小新的圓形約如圖示

不按住 Shift ，可拖曳任一控點，隨意拉長或壓扁圖形喔！

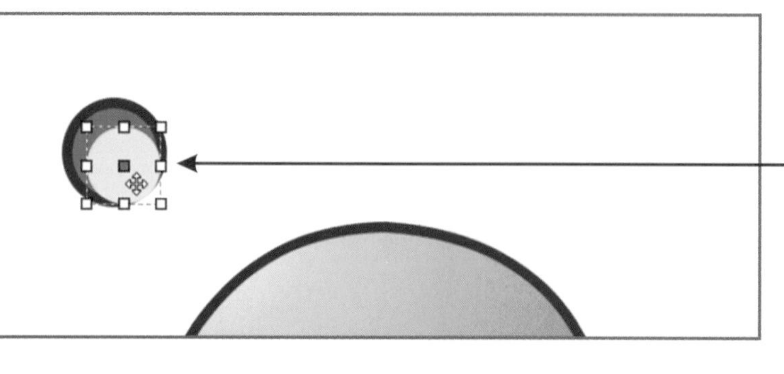

❽

按住小圓形，拖曳安排位置約如圖示

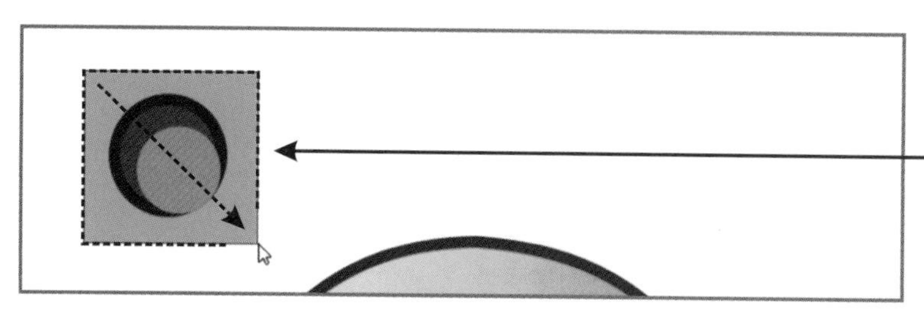

9 群組 (Group)

框選這兩個圓形

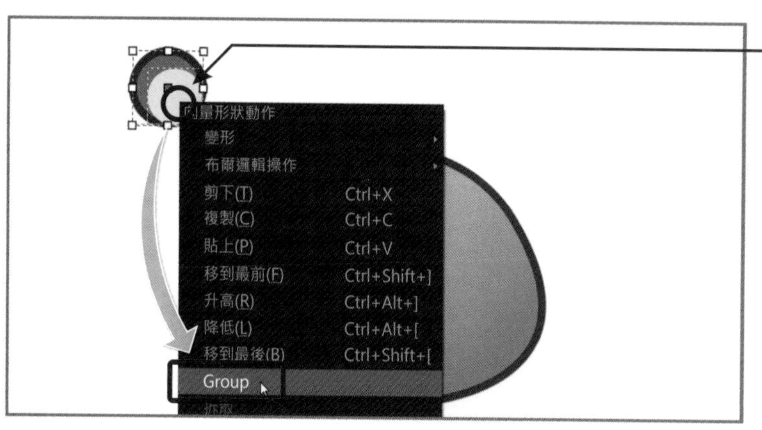

10

在選取物件上，按右鍵，點選【Group】，將它們群組起來

想解除群組，一樣是按右鍵，然後點選【拆散】就可以囉！

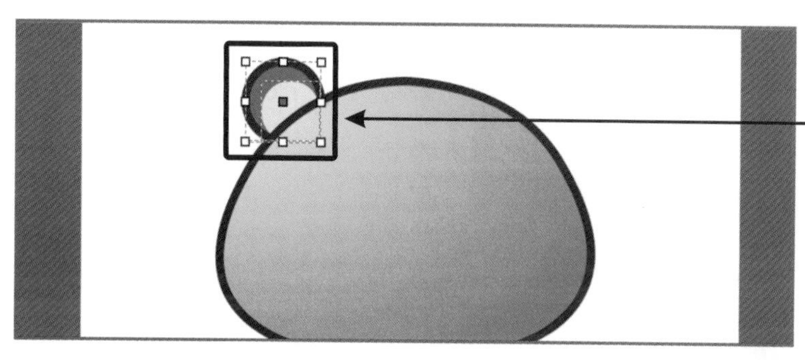

11 安排位置

接著將群組的物件，拖曳移動到約圖示位置

12

按 Ctrl + C 複製，再按 Ctrl + V 貼上後，拖曳到圖示位置

想安排向量圖形在同一個圖層上的上下關係，按右鍵，然後點選【移到最前】、【升高】、【降低】或【移到最後】喔！

變形	
剪下(T)	Ctrl+X
複製(C)	Ctrl+C
貼上(P)	Ctrl+V
移到最前(F)	Ctrl+Shift+]
升高(R)	Ctrl+Alt+]
降低(L)	Ctrl+Alt+[
移到最後(B)	Ctrl+Shift+[

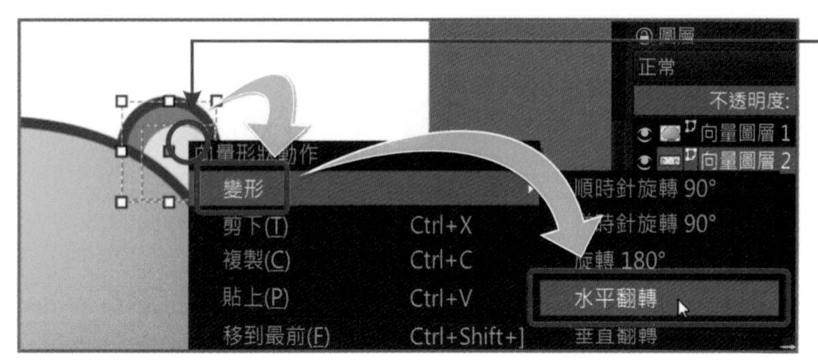

⓭ 水平翻轉

在物件上，按右鍵，點選【變形 / 水平翻轉】

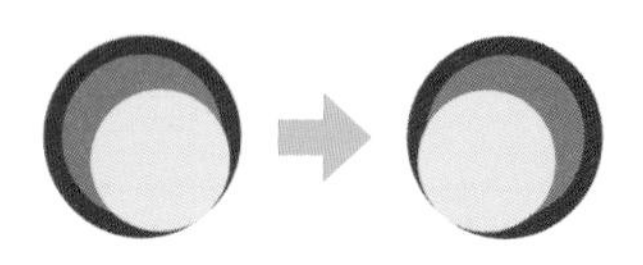

完成眼睛、鼻子、腮紅與嘴巴

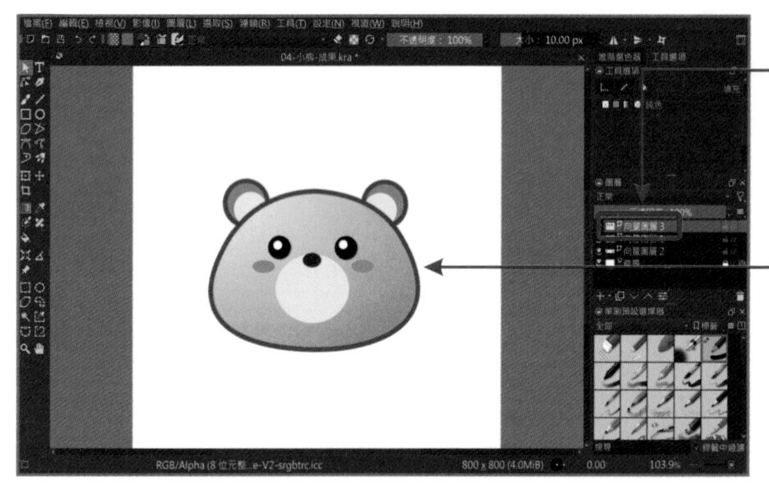

❶ 在最上面新增一個向量圖層

❷ 接著利用一點時間，使用目前學到的技巧，繪製出眼睛、嘴部底紋、鼻子與腮紅

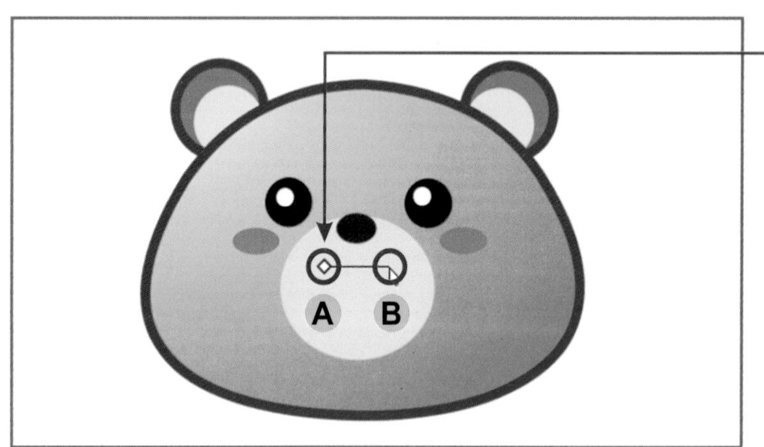

❸ 點選 ，設定大小為 5.00 px、顏色為

方法參考 P78 ❷~❸

然後先在 A 點 1 下，再到 B 點 2 下，畫出一條橫線

畫非封閉區域線條結束時，在終點上點 2 下。

❹ 點選 ，拖曳出弧線

5

最後再使用 ，畫出人中(直線)，這隻微笑的可愛小熊就完成囉！

記得要存檔喔！

裁切成適當大小，再儲存成 png 或 jpeg 檔，就可應用到通訊軟體當表情貼喔！

影像加油站 開啓對齊與分布功能

在同一個向量圖層上的向量物件之間，也可做【對齊】與【分布】喔！但 Krita 上，預設是關閉的。如何開啓與使用，請參考教學影片！

我是高手 表情變變變

使用本課成果，試著變更五官圖案，至少完成開心、生氣、哀傷與驚訝四種表情喔！記得都要另存新檔！

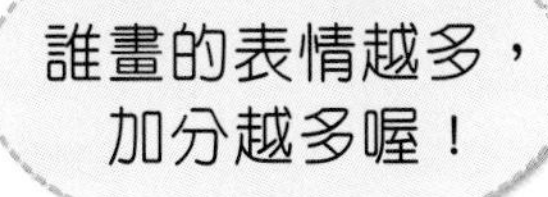

示範參考

( ) 1 下面哪個不是向量繪圖的好處？

1. 好修改　　2. 檔案小　　3. 可加很多特效

( ) 2 用哪個工具可以畫直線後，再調整成弧線？

1.　　2.　　3.

( ) 3 用哪個工具可以拖曳直線成曲線？

1.　　2.　　3.

( ) 4 用　畫非封閉的線條，想結束時要在終點上做什麼動作？

1. 點 1 下　　2. 點 2 下　　3. 按右鍵

進階練習圖庫　表情空白圖案

在本課的【進階練習圖庫】，有很多【表情空白圖案】提供你繪製出想要的表情喔！

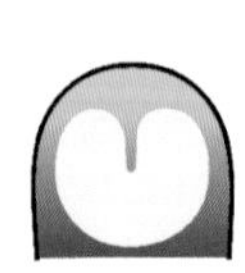

5 防疫新生活

-特殊筆刷、邊框、文字與圖層樣式

統整課程

藝術　健體

核心概念

◎ 理解科技、資訊與媒體的基礎概念

◎ 能利用科技理解與關心本土與國際事務

◎ 能透過科技工具的體驗與實踐處理日常生活問題

課程重點

◎ 認識海報設計的原則

◎ 學會用填充圖層做邊框

◎ 學會使用印章筆刷

◎ 學會製作文字與編輯

◎ 學會套用圖層樣式

海報設計的原則

把握以下幾個原則，就可以做出不錯的海報喔！這一課，讓我們來練習設計一張【防疫新生活】的宣傳海報吧！

標題（海報名稱）

明確的標題，要大、清楚、明顯。

標語

內容簡潔的文字，必須清楚、排列整齊。

防疫新生活

- 外出戴口罩 防疫一把罩
- 距離保持好 病毒傳不了
- 落實實聯制 足跡好掌握
- 消毒勤洗手 疫情快快走

背景

簡單不複雜的繪圖或照片。可加上邊框，視覺更集中。

主視覺

符合主題的插圖或照片。

適用的範圍超級廣！

把握以上原則，不僅適用於海報，也可運用到其他設計，例如：各種刊物的封面、宣傳單 ... 等。

製作邊框與繪製背景

首先讓我們用神奇的【填充圖層】為海報製作邊框，然後填入漸層底色，再用特殊的印章筆刷畫出漂亮的背景吧！

練習提要

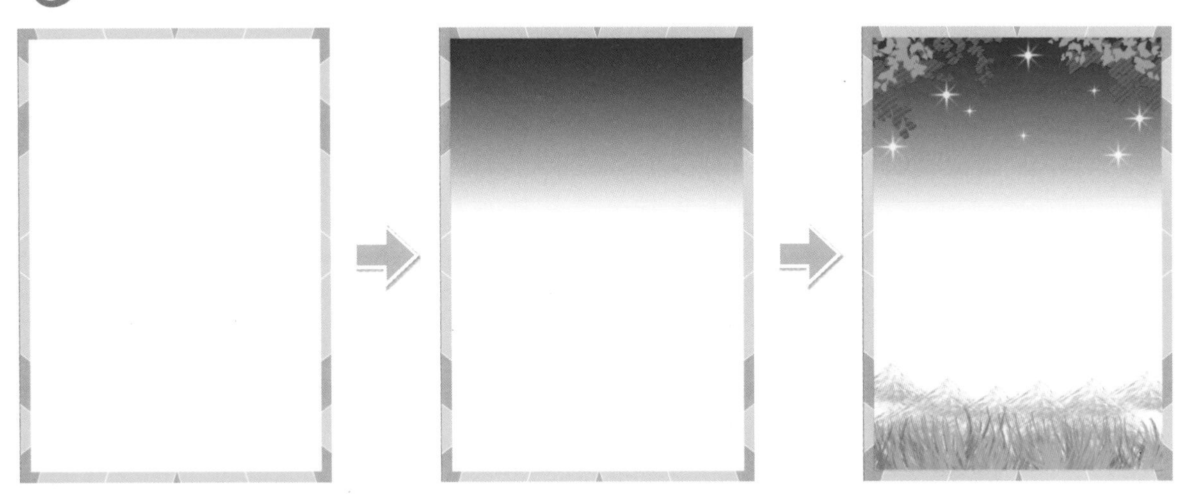

新增檔案

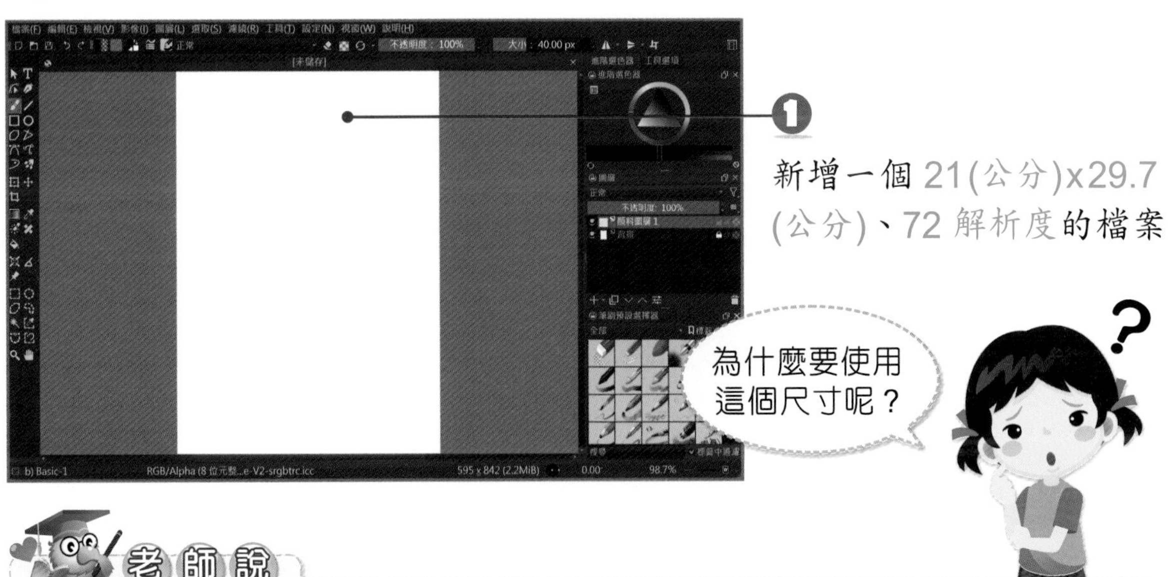

❶ 新增一個 21(公分)x29.7(公分)、72 解析度的檔案

21 x 29.7 (公分) 就是 A4 紙張的大小；為了讓電腦運算加快，先暫時使用 A4 尺寸、72 解析度來做練習。將來若是要列印使用，尺寸至少為 A3 (29.7 x 42 公分)、解析度最好是 300 以上喔！

用填充圖層做邊框

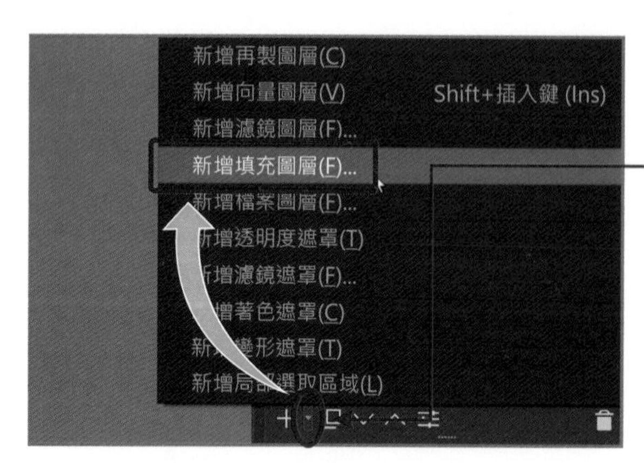

❶ 按 ＋ 的下拉方塊，點選【新增填充圖層】

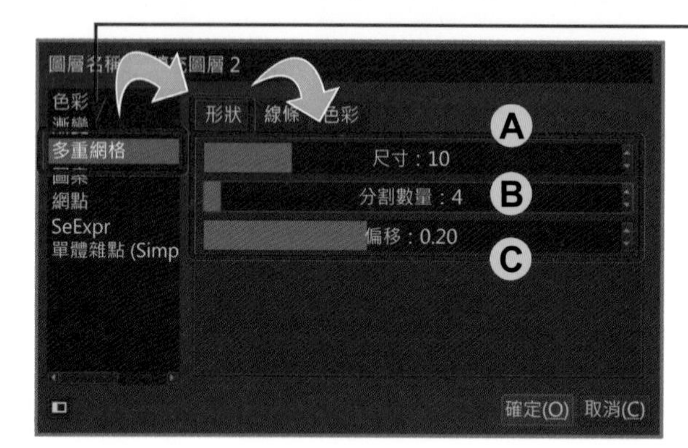

❷ 點選【多重網格】後，按【形狀】標籤，設定：

A 尺寸 - 10

B 分割數量 - 4

C 偏移 - 0.20

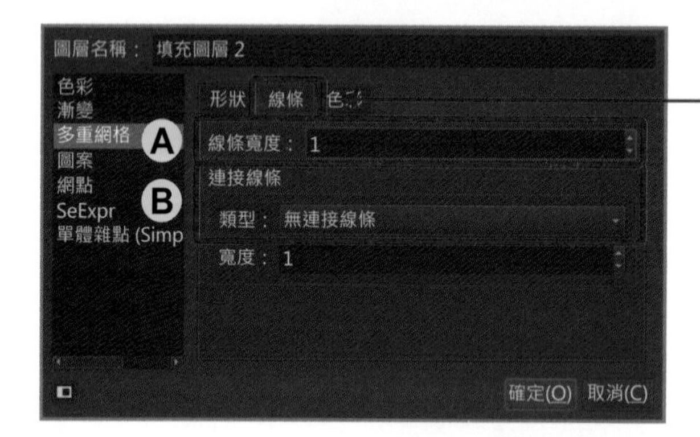

❸ 按【線條】標籤，設定：

A 線條寬度 - 1

B 連接線條 / 類型 - 無連接線條

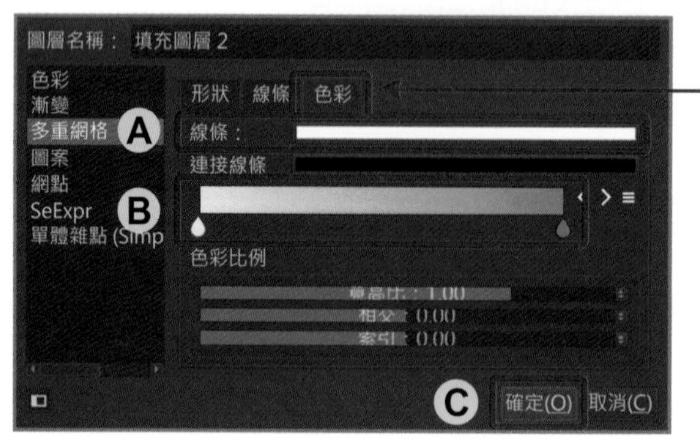

❹ 按【色彩】標籤，設定：

A 線條顏色設為 - □

B 漸層顏色設為 - 起點 □ 終點 ■

C 按【確定】

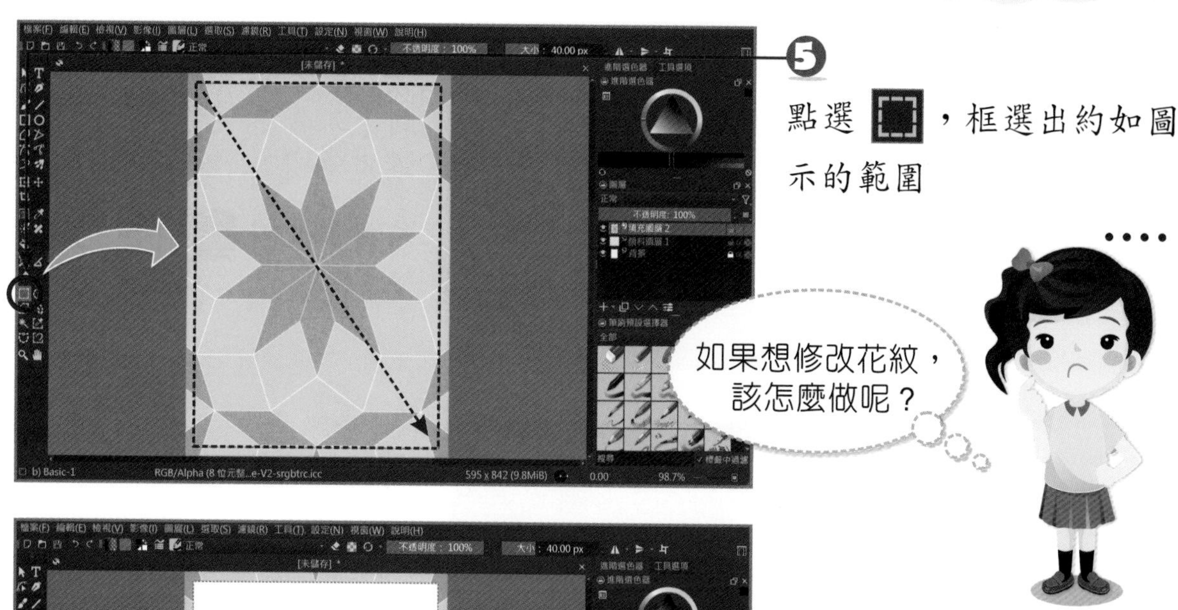

5 點選 ▢，框選出約如圖示的範圍

6 按1下 Delete ，就完成一個自製邊框囉！

最後在編輯區外點1下，取消選取

填入漸層背景

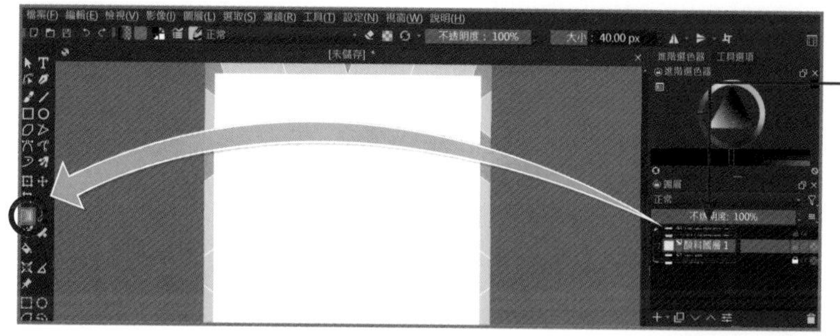

1 點選填充圖層下方的顏料圖層，然後點選 ▢【漸變工具】

如果不滿意或想更改【填充圖層】的設定與顏色，在它上面按右鍵，點選【屬性】，即可進行編修喔！

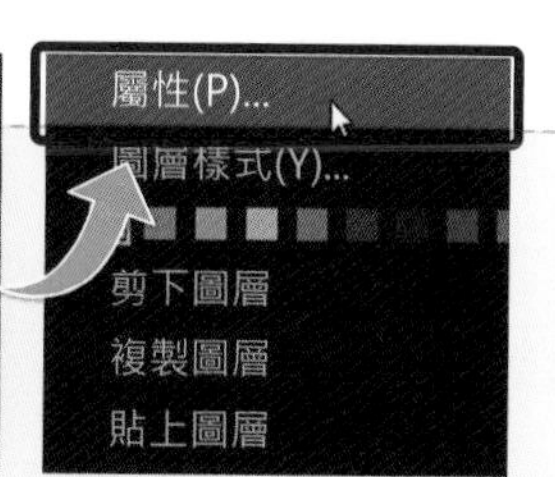

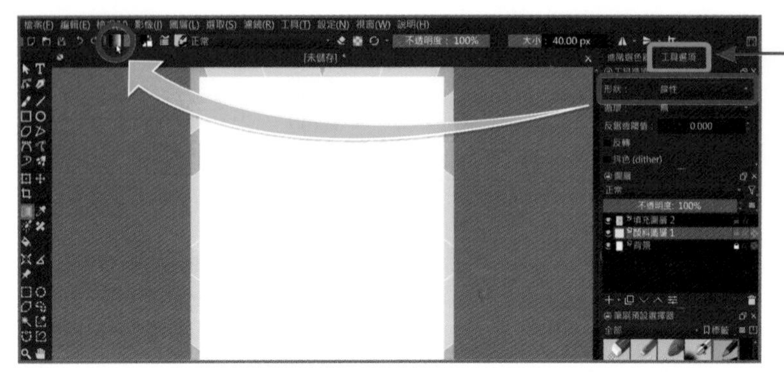

❷ 到【工具選項】下，形狀設定為【線性】

然後點1下 【填充漸變】

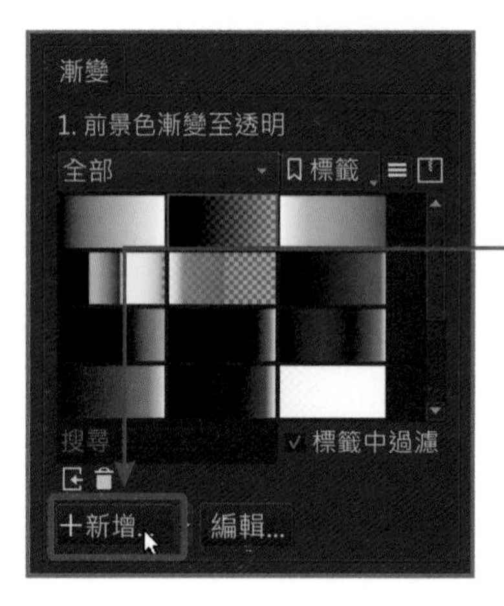

❸ 按【新增】

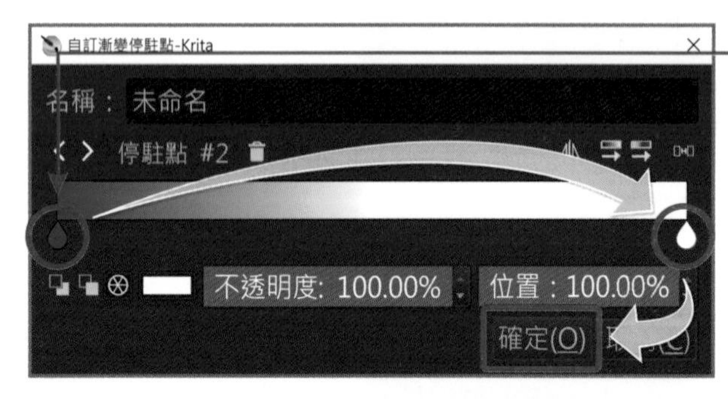

❹ 起點設 、終點設 ，然後按【確定】

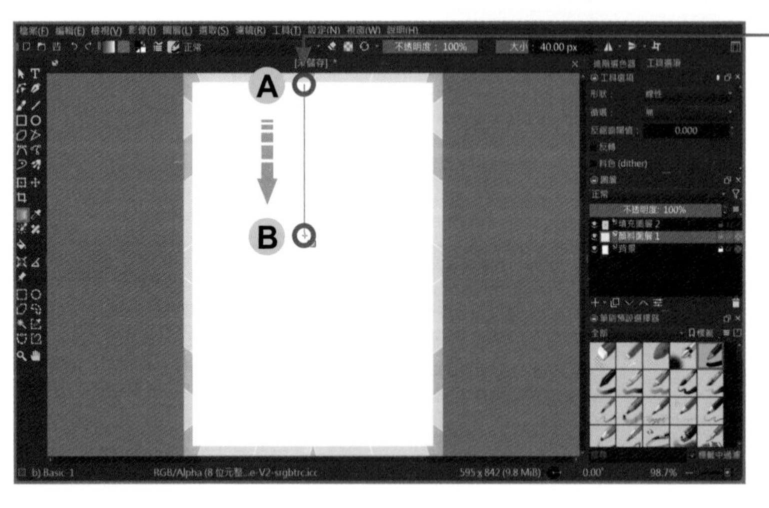

❺ 接著按住左鍵，從Ⓐ拖曳到Ⓑ，填入漸層色

用印章筆刷畫綠葉、星星、山脈與草地

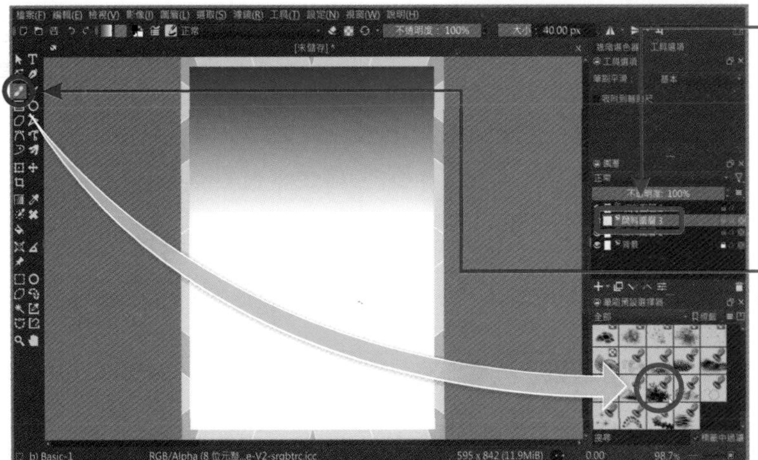

❶ 在【顏料圖層 1】上方新增一個顏料圖層(顏料圖層 3)

❷ 點選 ，然後點選 (z) Stamp Leaves)(印章-樹葉)

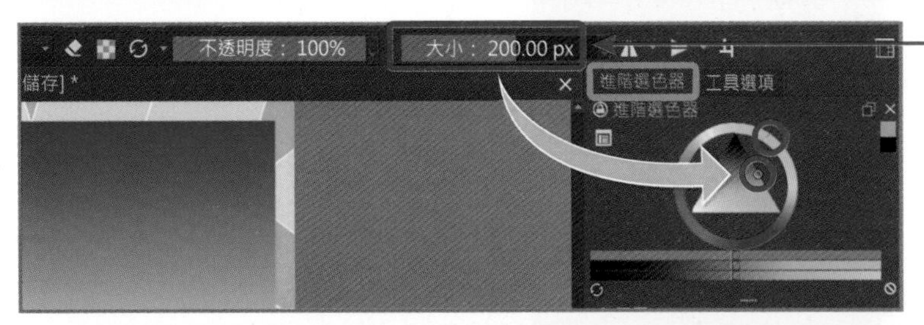

❸ 大小設為【200.00 px】，再到【進階選色器】下，顏色設為

❹ 到圖示位置，用點 1 下的方式，在兩側畫出樹葉

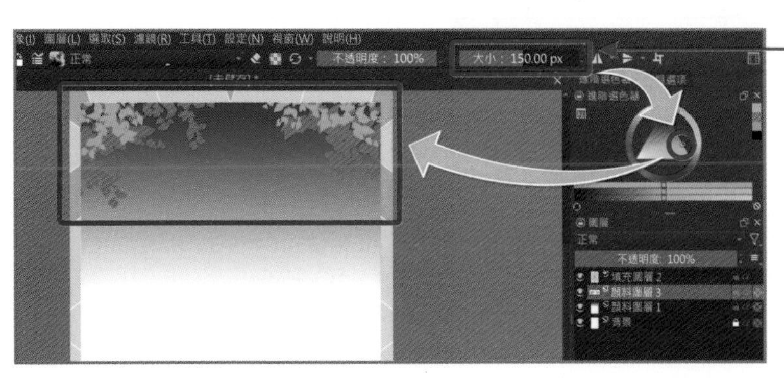

❺ 更改大小【150.00 px】與顏色 ，繼續畫出一些淺綠的樹葉

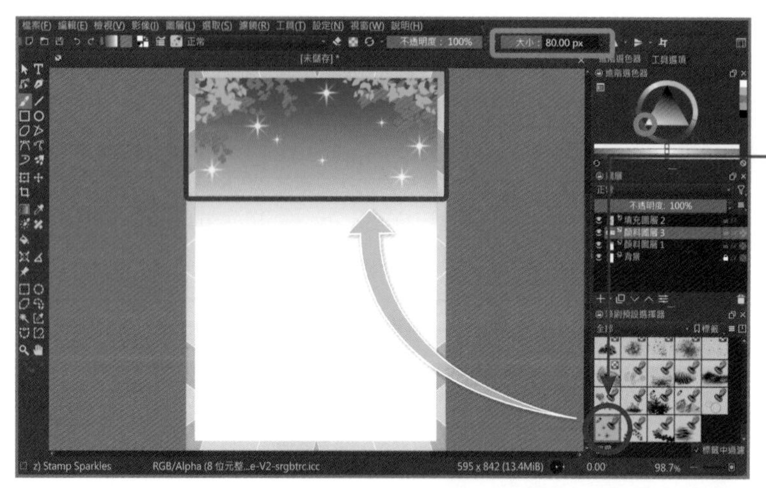

❻

筆刷選 (z) Stamp Sparkles) (印章-閃爍點點)

設定顏色、變換不同的大小，在圖示位置畫出一些星星

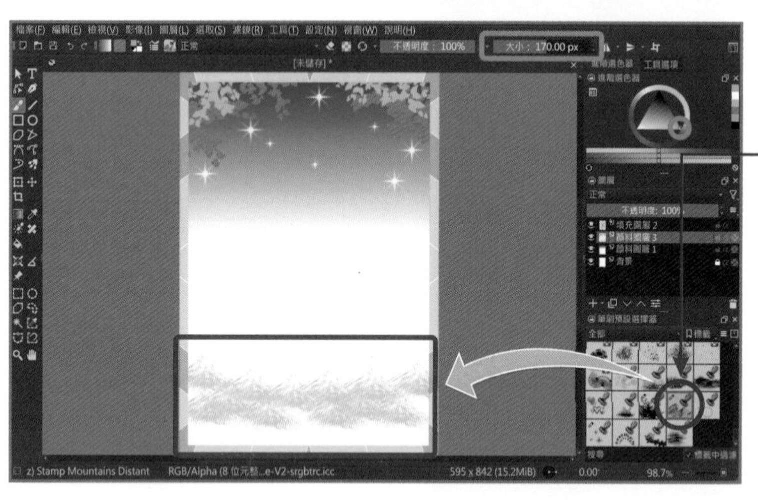

❼

筆刷選 (z) Stamp Mountains Distant) (印章-遠景高山)

設定大小與顏色，在圖示位置畫出一道山脈

❽

筆刷選 (z) Stamp Grass) (印章-野草)

設定大小、變換不同的綠色，在圖示位置畫出一片草地

Krita 除了內建的筆刷外，官網中還提供豐富的【筆刷資源包】，可以下載安裝使用。

(本書第159頁有概述，還有教學影片參考學習喔！)

練習到這裡，先儲存一下檔案！

檔名：05-海報設計-成果

格式：kra

3 製作標題、標語與主視覺

邊框與背景圖都做好囉！接著就來製作標題、標語與加入切題的主視覺，傳達與宣傳如何進行【防疫新生活】吧！

練習提要

開啟檔案與製作標題

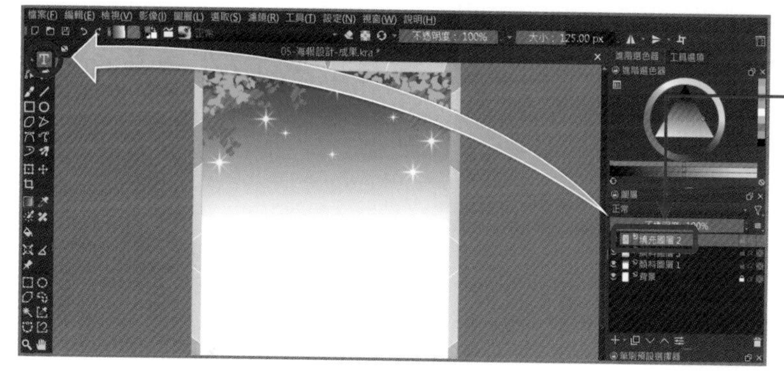

1 開啟上一節的成果後，點選最上面的圖層，接著點選 T【SVG 文字工具】

2 在約圖示位置，拖曳出一個文字框，就會跳出輸入與設定視窗

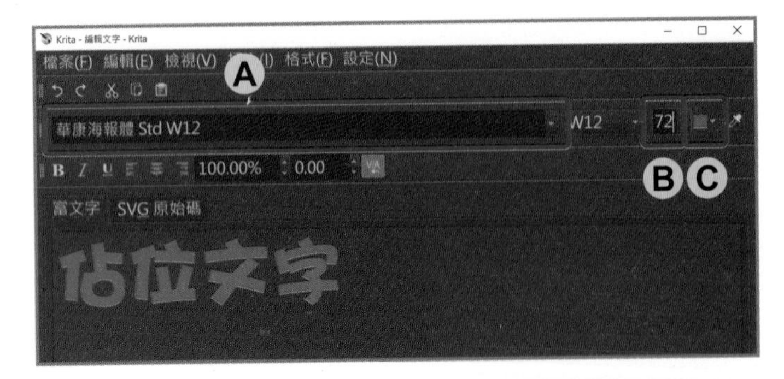

3

設定：

A 字型 - 華康海報體 Std W12 或類似字型

B 大小 - 72

C 顏色 -

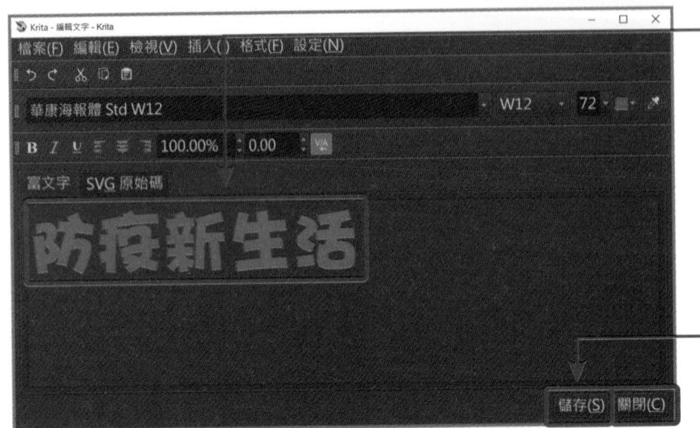

4

輸入【防疫新生活】

也可開啟本課文字檔，用複製貼上完成輸入。

5

先按【儲存】，再按【關閉】

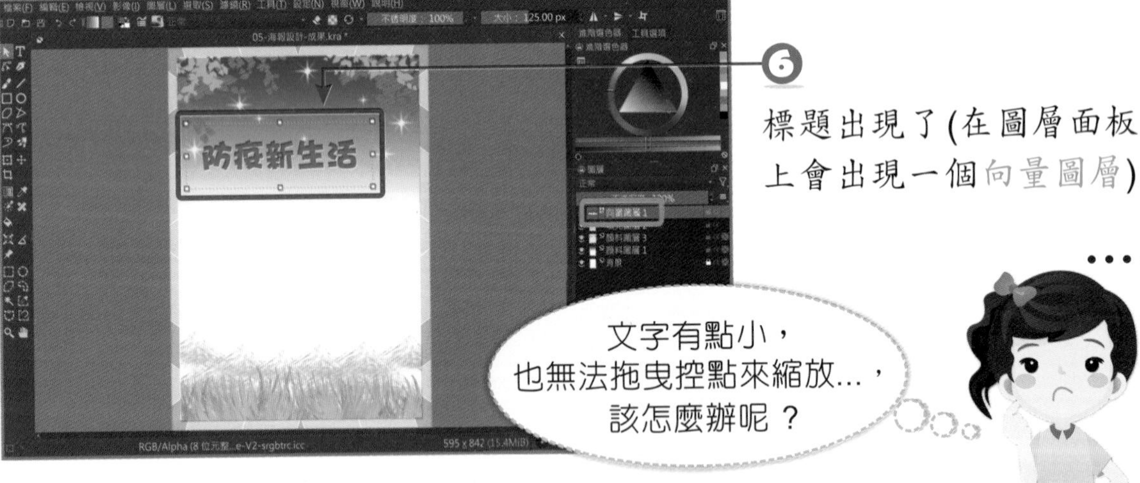

6

標題出現了(在圖層面板上會出現一個向量圖層)

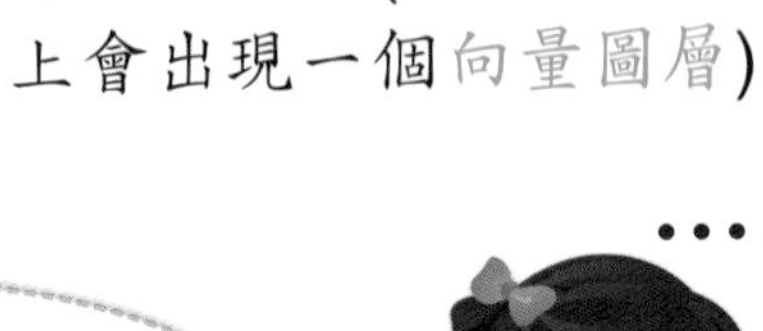

文字有點小，
也無法拖曳控點來縮放...，
該怎麼辦呢？

7

在文字上點2下，游標變成箭頭符號後，再點2下，再度開啟設定視窗

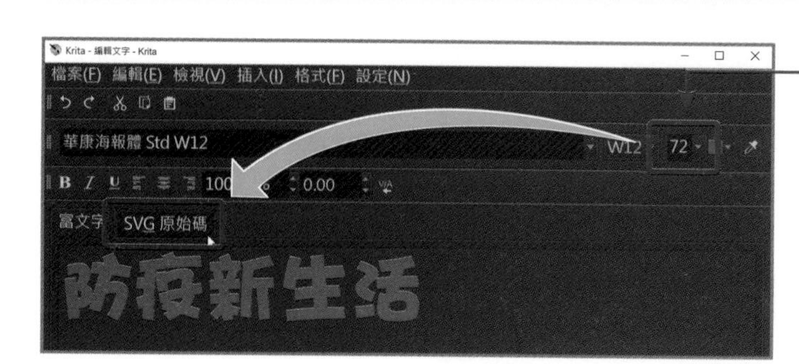

8

預設的大小選擇最大只能選到【72】

所以讓我們按【SVG 原始碼】標籤來做設定

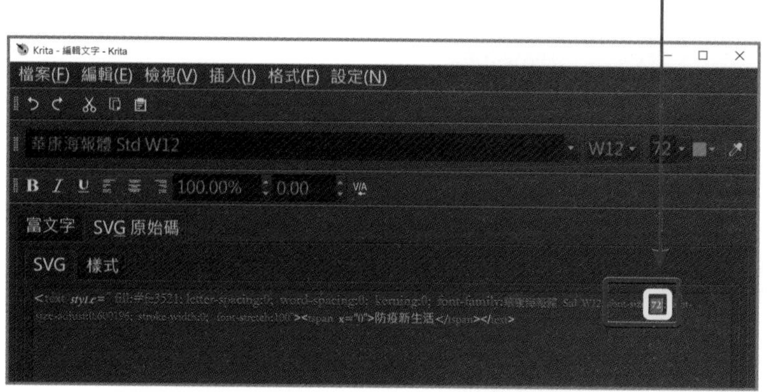

9

在原始碼中找到【font-size:72】後，拖曳選取【72】

接著輸入【90】

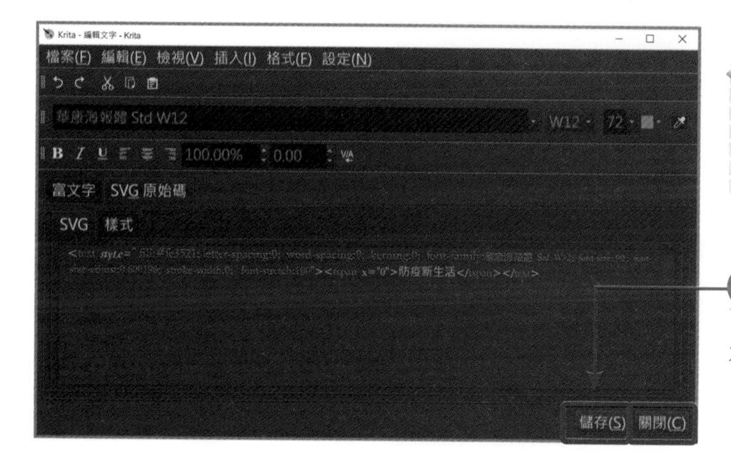

若選用不同字型，可依實際狀況調整字級大小！

10

先按【儲存】，再按【關閉】

11

文字變成想要的大小囉！

設定圖層樣式 - 陰影與描邊

用【圖層樣式】可快速為影像加入特效，例如陰影、描邊、發光...等，還能隨時修改、新增或取消。趕快來學！

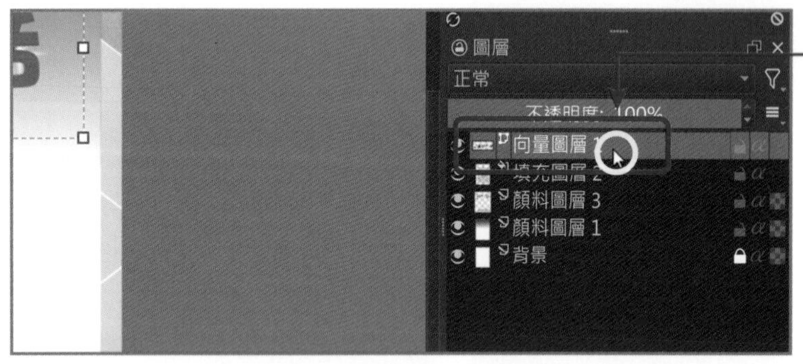

1 到圖層面板，在文字所在的圖層上按右鍵

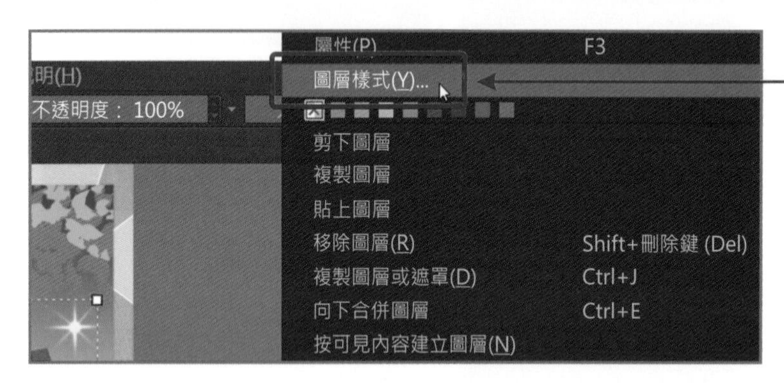

2 點選【圖層樣式】

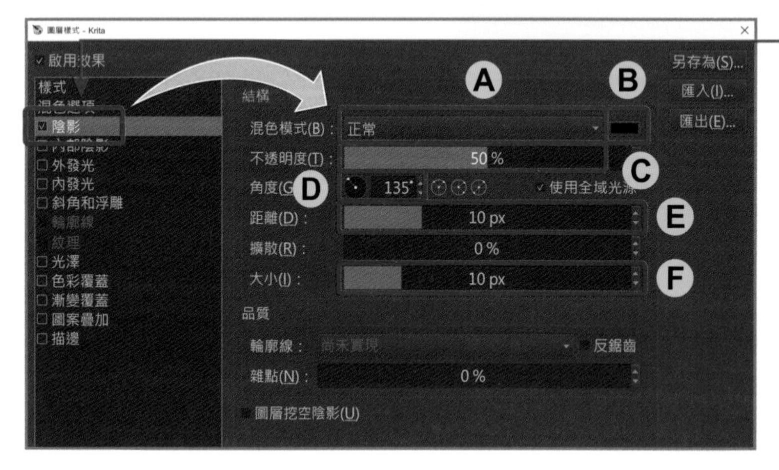

3 設定陰影

勾選【陰影】，並點選陰影項目，接著設定：

A 混色模式 - 正常

B 顏色 - ■

C 不透明度 - 50 %

D 角度 - 135°

E 距離 - 10 px

F 大小 - 10 px

想修改、新增或取消圖層樣式，一樣在圖層上按右鍵，點選【圖層樣式】後，即可進行編輯。(想取消，直接取消勾選該項目就可以！)

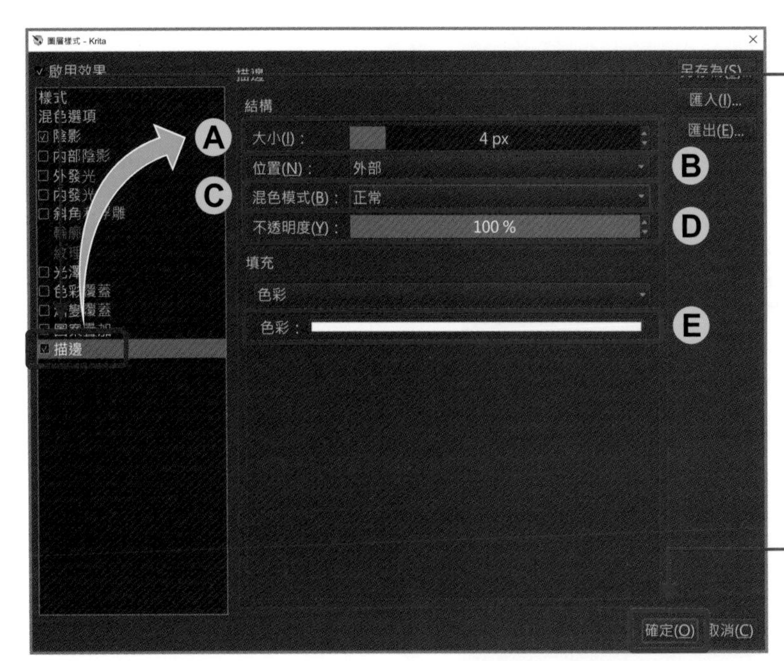

④ 設定描邊

勾選【描邊】，並點選描邊項目，接著設定：

A 大小 - 4 px

B 位置 - 外部

C 混色模式 - 正常

D 不透明度 - 100 %

E 填充色彩 - □

⑤

按【確定】

⑥

點選 ，拖曳安排標題到約圖示位置

然後在編輯區外點1下，取消選取

小提示

你也可以使用鍵盤的方向鍵來調整位置喔！

製作標語

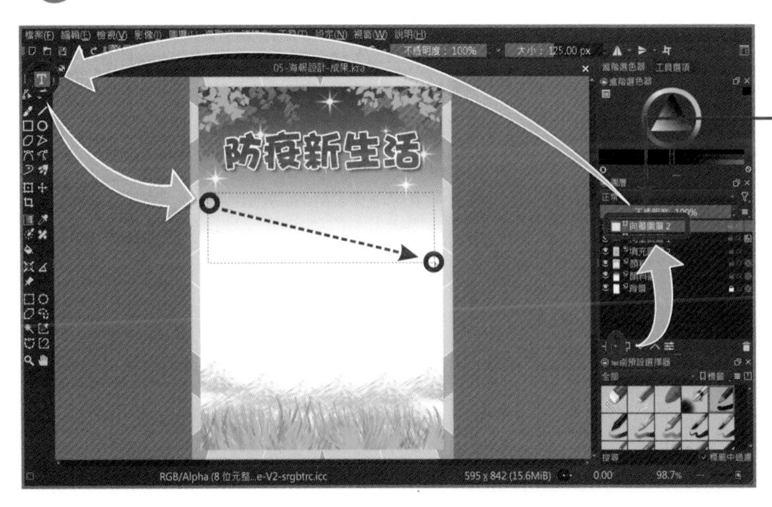

①

新增一個向量圖層後，點選 T ，在約圖示位置，拖曳出一個文字框，開啟輸入與設定視窗

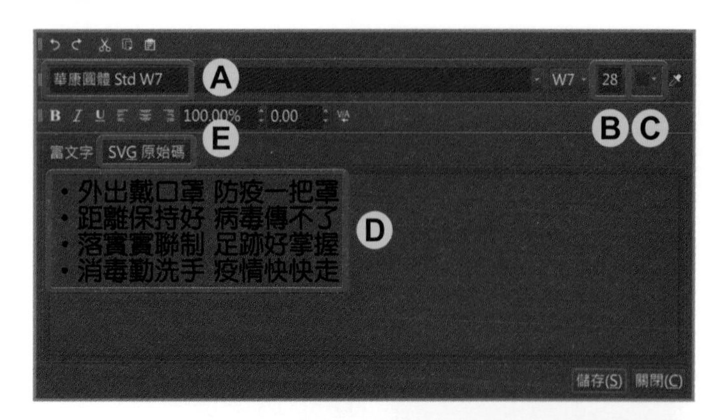

2

輸入與設定：

A 字型 - 華康圓體 Std W7 或類似字型

B 大小 - 28

C 顏色 - ■

D 輸入圖示標語

E 按【SVG 原始碼】

> 可開啟本課文字檔，用複製貼上來完成輸入。

3 調整行距

將所有的【dy="27.75pt"】都修改為【dy="40pt"】

然後先按【儲存】，再按【關閉】

4

點選 ，拖曳調整標語到圖示位置

製作主視覺 - 匯入插圖

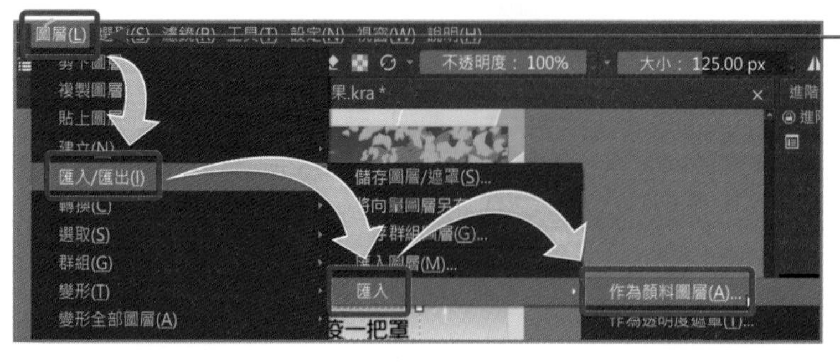

1

按【圖層 / 匯入/匯出 / 匯入 / 作為顏料圖層】，陸續匯入【05-男生.png】與【05-病毒.png】

2

點選 ，分別拖曳安排插圖的位置如圖示，再點選 取消選取

可以順便調整一下其他物件的位置喔！

練習至此，這張海報就完成囉！記得要存檔喔！

我是高手　環保愛地球

使用本課【我是高手】資料夾中的圖片，試著設計一張【環保愛地球】的海報吧！

環保愛地球，就從日常生活開始做起！

示範參考

老師說

到【OpenClipArt】網站可以搜尋、下載圖片來使用！方法請參考教學影片。

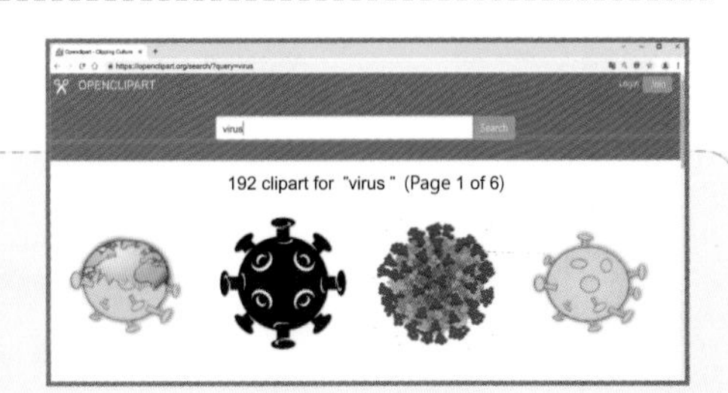

練功囉

( ) 1 下面哪個不是海報設計的原則？

1. 標題要大　　2. 標語要簡潔　　3. 底圖越花俏越好

( ) 2 下面哪種圖層可以直接產生多重網格？

1. 填充圖層　　2. 顏料圖層　　3. 向量圖層

( ) 3 用下面哪個筆刷可以畫出山脈？

1. 　　2. 　　3.

( ) 4 想調整字串的行距，必需先找到哪個原始碼？

1. letter　　2. font　　3. dy

進階練習圖庫　主題插圖

在本課的【進階練習圖庫】，有關於防疫、環保、霸凌...等【主題插圖】提供你設計海報、封面或宣傳單練習使用喔！

6 我的最愛動物

- 群組圖層運用與用遮罩自訂形狀

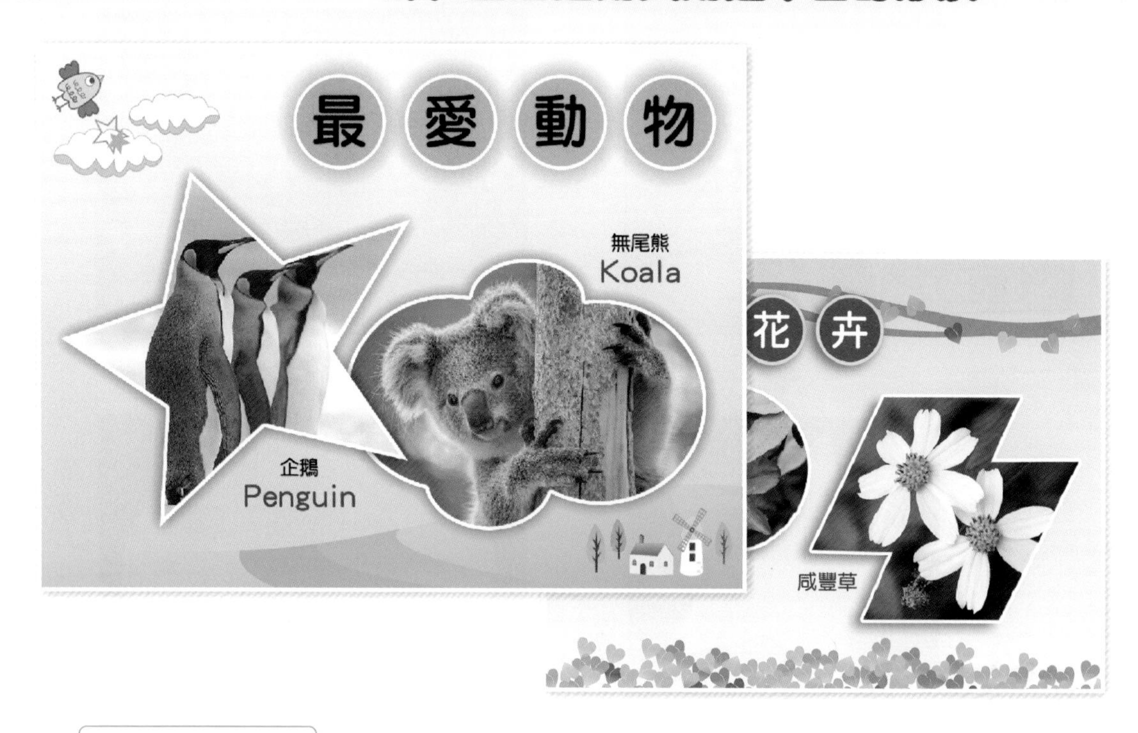

統整課程

藝術　英語

核心概念

◎ 透過各種檔案格式進行資料的收集、處理與分析

◎ 能將資料有系統地透過影像呈現

◎ 能利用資訊科技分享學習資源與心得

課程重點

◎ 知道遮罩的功能與訣竅

◎ 學會在群組中製作標題

◎ 學會複製群組與編修

◎ 學會使用遮罩自訂圖片形狀

超好用的【透明度遮罩】

【遮罩】，顧名思義，就是把東西【遮】或【罩】起來的意思。用【透明度遮罩】，我們就可以在不破壞原圖的狀況下，自由設定圖片的形狀喔！

【黑色即透明】就是製作遮罩的訣竅！我們可以在圖片上先圈選想要的區域(形狀)，再到【透明度遮罩】上，將區域外的部分填入黑色，即可套用到圖片上(黑色的部分變透明)，只顯示圈選的部分 。

在群組圖層中製作標題

【群組圖層】就是把相關物件先組合起來，方便一起移動，如整組標題文字、公仔物件眼鼻口頭耳...等。

練習提要

開啟範例檔案與新增群組圖層

1 開啟本課範例檔案【06-我的最愛動物.kra】

小提示

這是一個已預先做好背景的檔案。

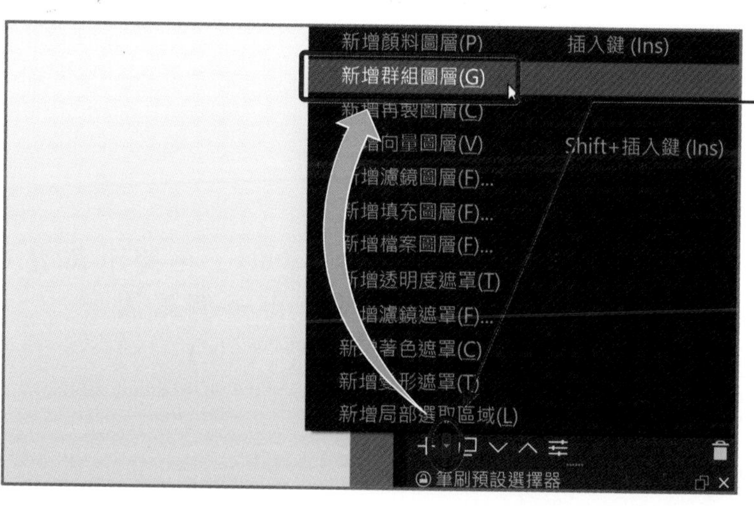

2 按 ＋ 旁的 ▾ 下拉方塊，點選【新增群組圖層】

小提示

我們要在這群組圖層中，製作一個圓形物件圖層與一個文字圖層。

繪製向量圖形

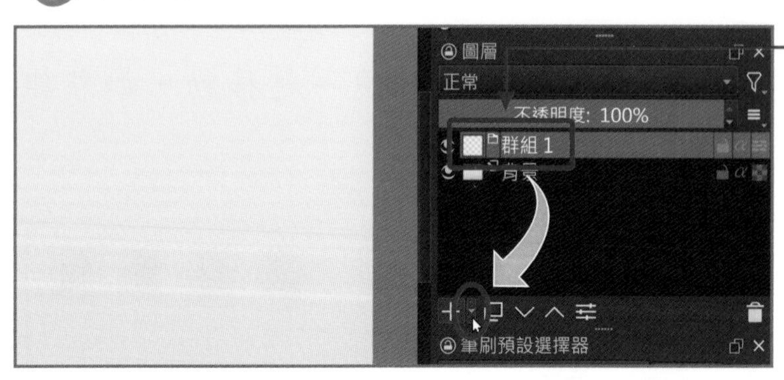

❶ 點選群組圖層 (群組1)，然後按 ＋ 旁的 ▾

在群組圖層中新增製作的影像，會自動形成群組，不用另外設定喔！

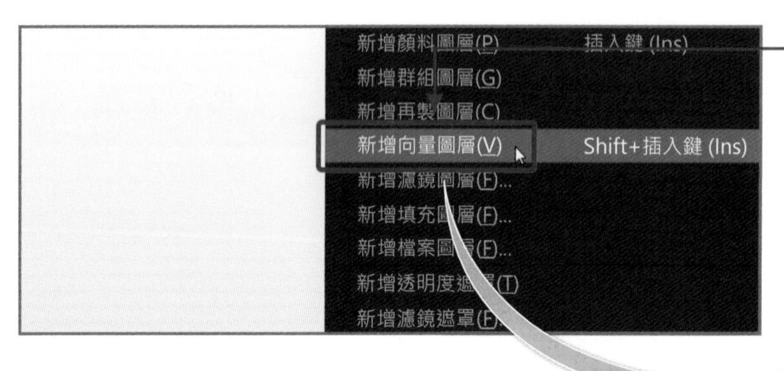

❷ 點選【新增向量圖層】，就會在群組圖層中出現一個向量圖層

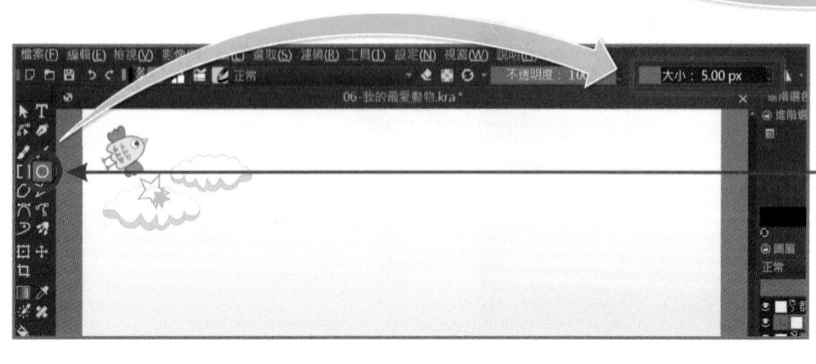

❸ 點選 ◯【橢圓工具】，接著將大小設為 5.00 px

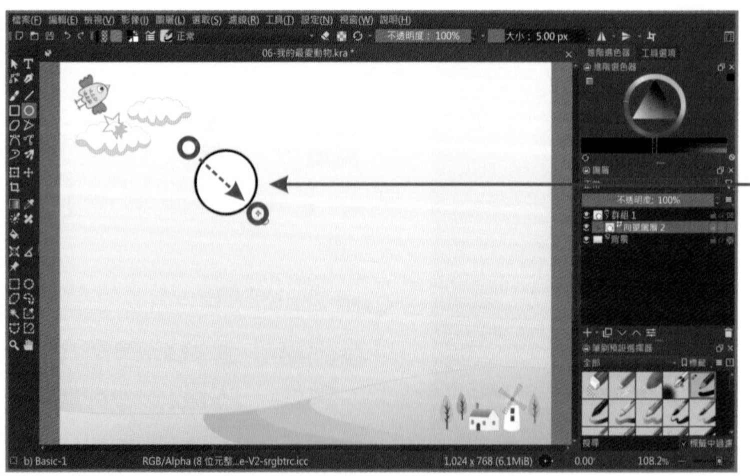

❹ 按住 Shift，在圖示位置拖曳畫出一個正圓形 (約圖示大小)

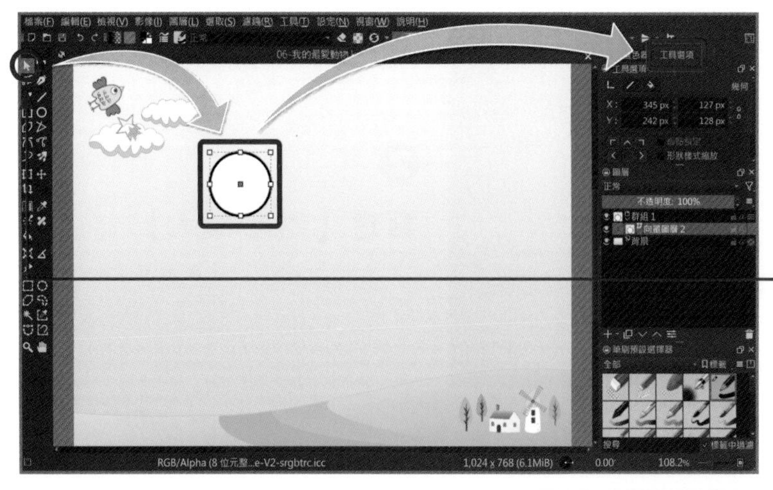

5 點選 ，再點選圓形，接著按【工具選項】標籤

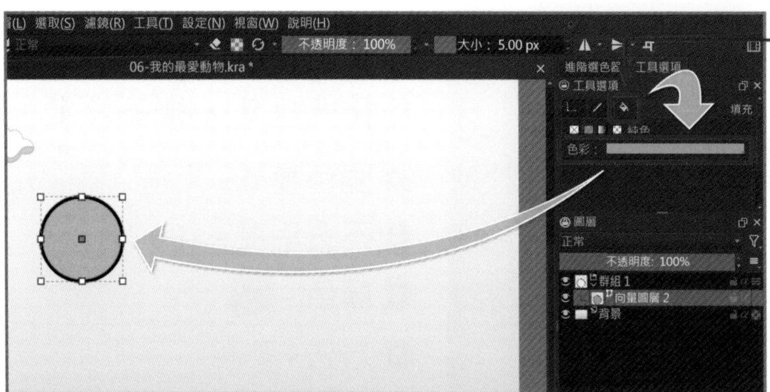

6 點選 ，色彩點選

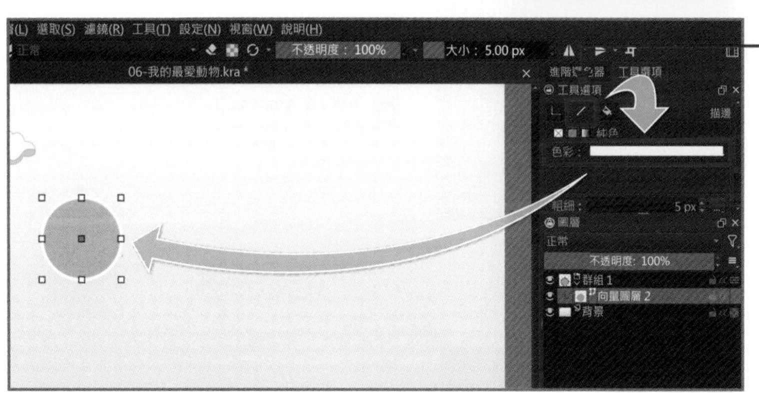

7 點選 ，色彩點選

套用圖層樣式 - 外發光

1 在圓形所在的向量圖層上按右鍵

2 點選【圖層樣式】

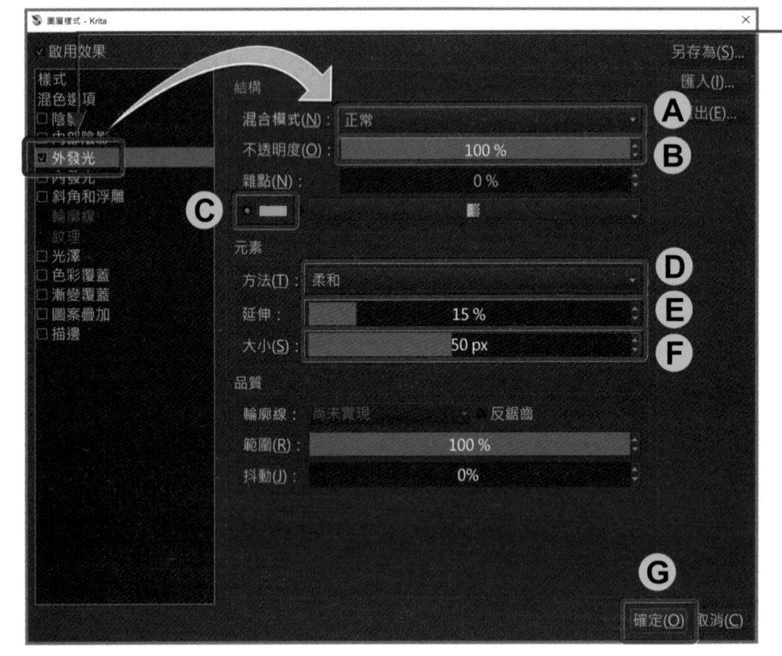

3 勾選【外發光】，並點選外發光項目，接著設定：

- A 混色模式 - 正常
- B 不透明度 - 100 %
- C 顏色 -
- D 方法 - 柔和
- E 延伸 - 15 %
- F 大小 - 50 px
- G 按【確定】

輸入文字

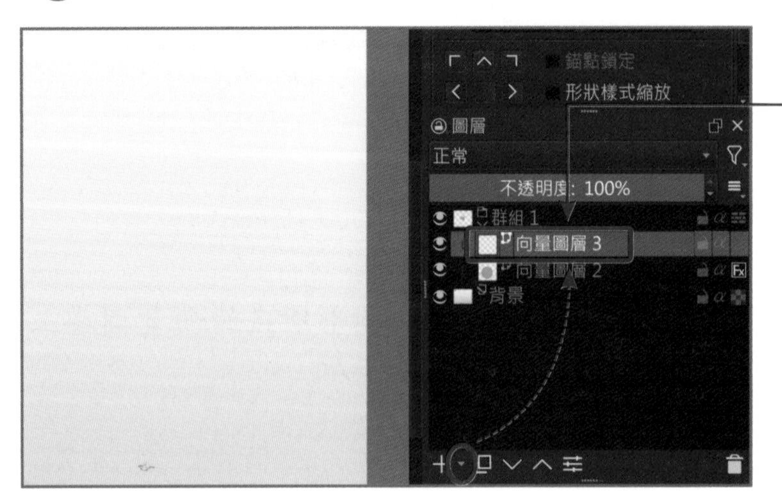

1 在圓形圖案的圖層上方，再新增一個向量圖層

在同一圖層上製作的物件，都會自動套用相同圖層樣式，所以需另增一個圖層來製作文字。

❷ 點選 T，在圖示位置製作一個【最】文字物件(字型大小約80、黑色)

步驟參考第5課P99 ❷ ~P100 ❺。

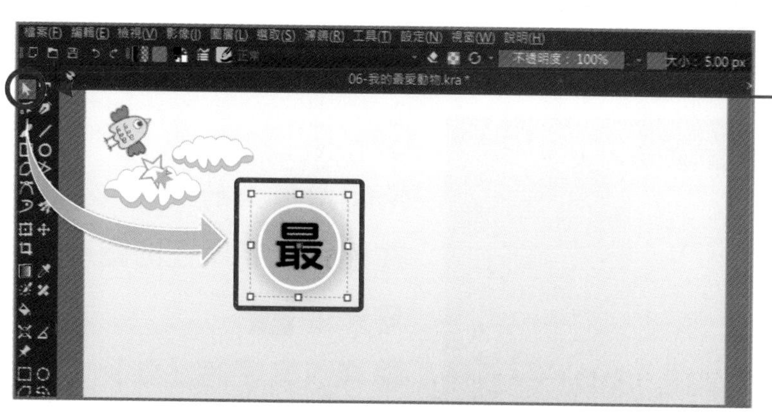

❸ 點選 ↖，拖曳文字到圓形的正中央位置

複製整組圖層與編修

接著讓我們複製這個含圓形與文字的群組，再修改一下文字，就可以快速完成標題的製作囉！

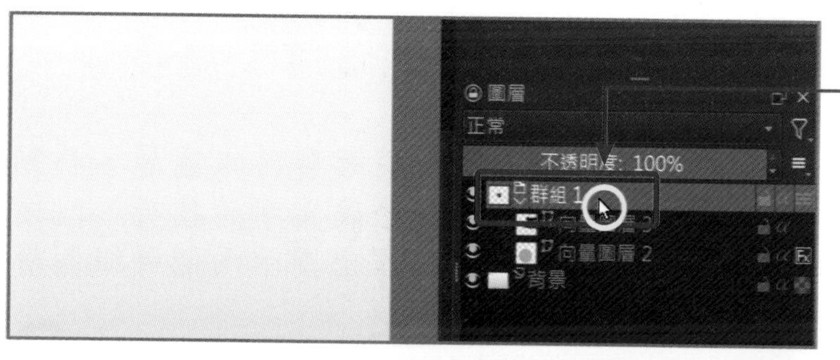

❶ 在群組圖層(群組1)上按右鍵

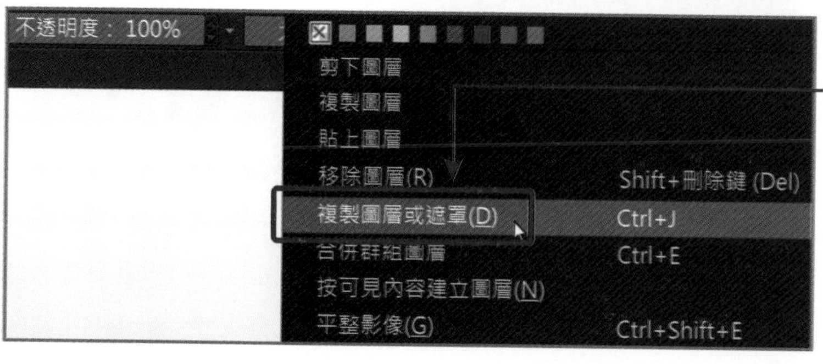

❷ 點選【複製圖層或遮罩】

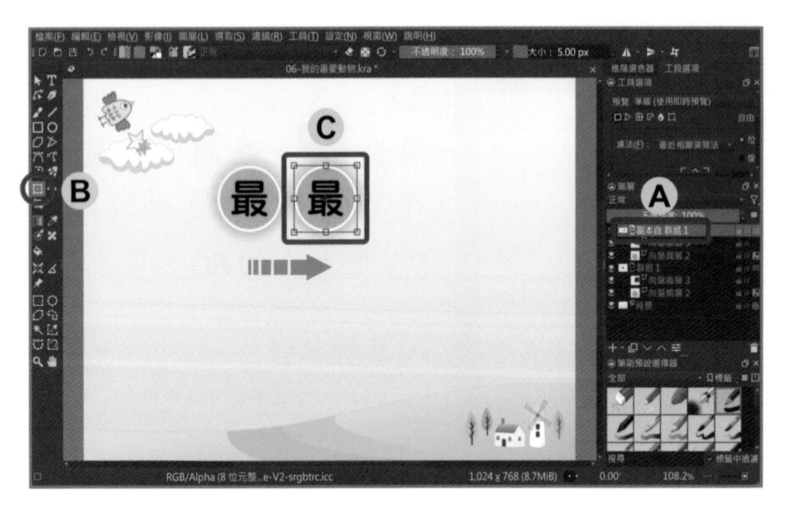

❸

移動複製的群組圖層：

Ⓐ 點選複製的群組圖層 (副本自 群組1)

Ⓑ 點選

Ⓒ 使用鍵盤的 →，向右移動群組圖層到圖示位置

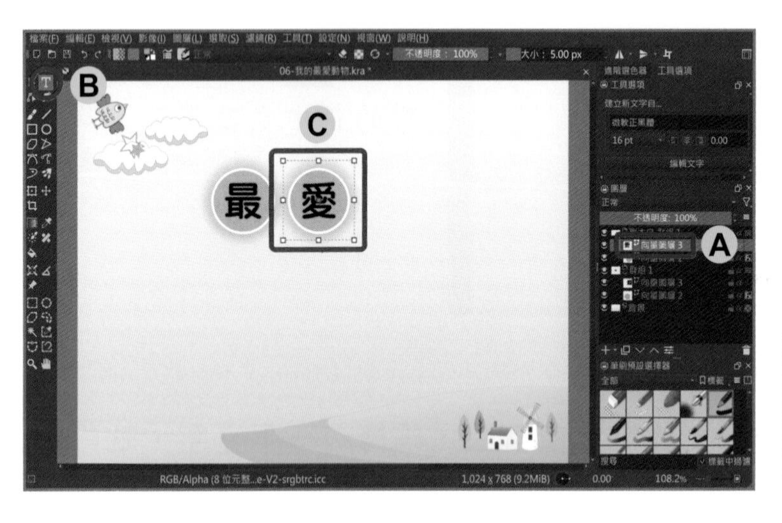

❹

修改圖層上的文字：

Ⓐ 點選文字所在的圖層

Ⓑ 點選

Ⓒ 修改文字為【愛】

開啓修改文字的視窗，在第5課就學過囉！(P100❼)

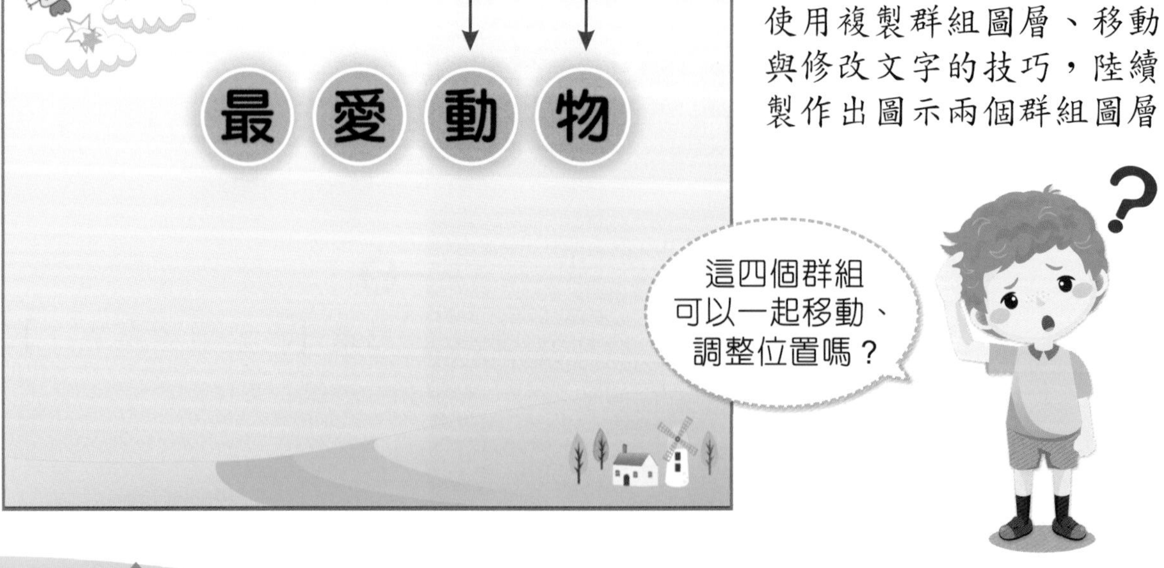

最
愛
動
物
這四個群組
可以一起移動、
調整位置嗎？

❺

使用複製群組圖層、移動與修改文字的技巧，陸續製作出圖示兩個群組圖層

收合群組圖層

❶ 陸續按1下各個群組圖層的 ∨ ，將它們各自收合起來

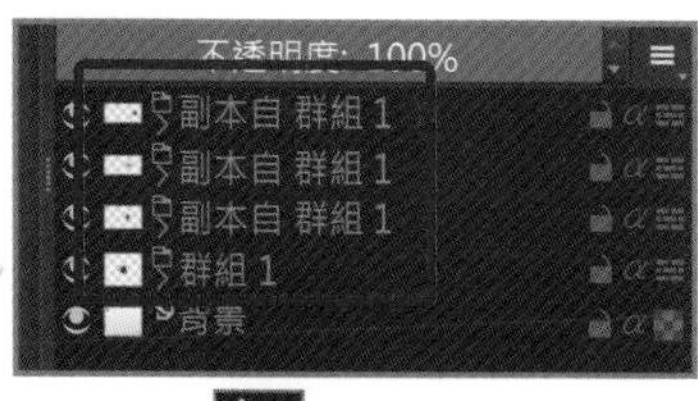

按 1 下 ＞ ，可以再度展開群組圖層

群組與安排標題位置

❶ 按住 Shift ，複選這四個群組圖層

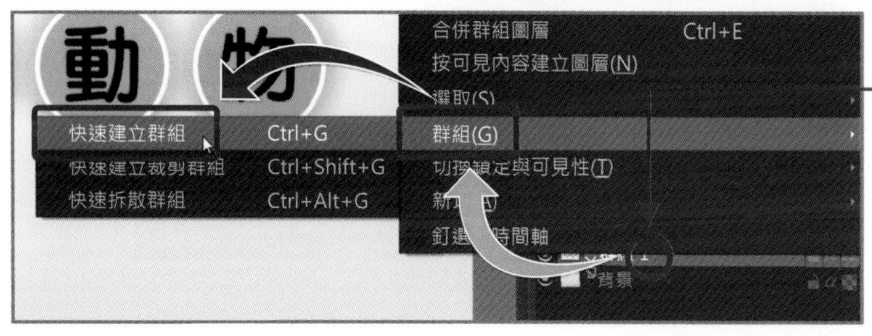

❷ 在複選的圖層上按右鍵，點選【群組 / 快速建立群組】

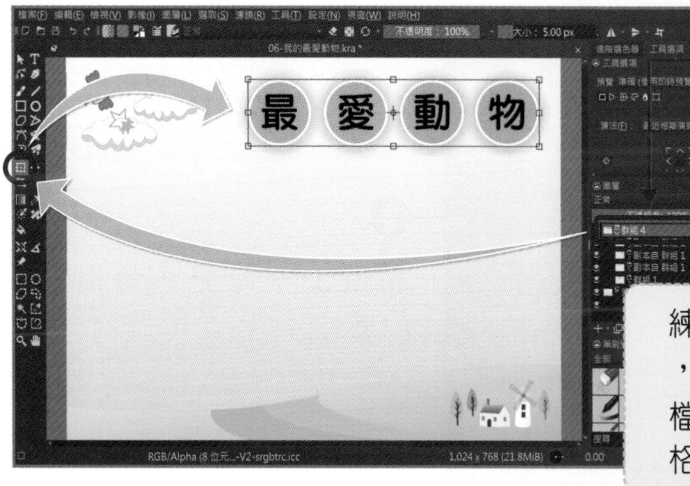

❸ 點選群組後的圖層，再用 點選、拖曳整組標題到圖示位置

練習到這邊，按【檔案 / 另存為】，將目前的成果儲存一下吧！
檔名：06-我的最愛動物-成果
格式：kra

3 用遮罩自訂圖片形狀

終於要來學習用【遮罩】自訂圖片形狀囉！記得【黑色即透明】的訣竅喔！ 完成後，讓我們再用中英文對照的方式做一下圖說吧！

練習提要

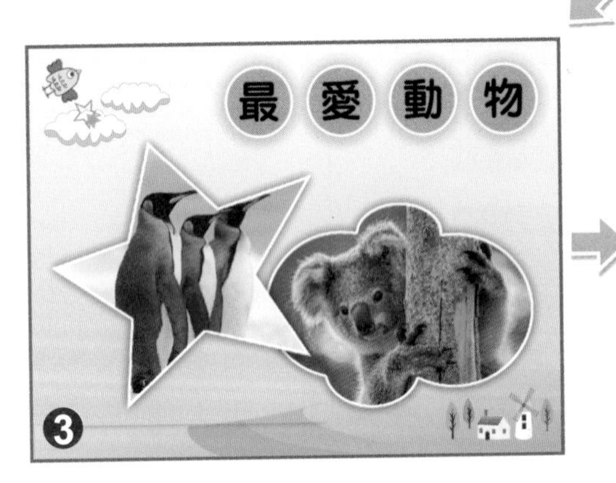

開啟檔案與匯入照片

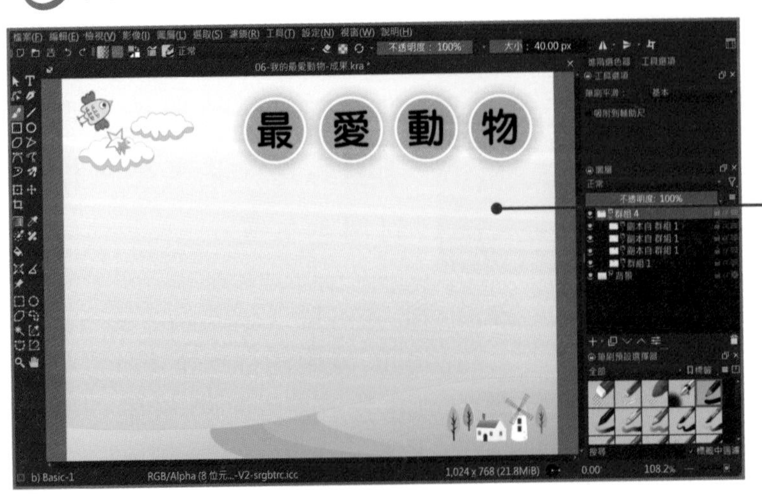

❶ 開啟上一節完成的檔案（06-我的最愛動物-成果.kra）

❷ 點選最上面的圖層後，按【圖層 / 匯入/匯出 / 匯入 / 作為顏料圖層】，匯入【06-企鵝.jpg】

新增透明度遮罩與自訂照片形狀

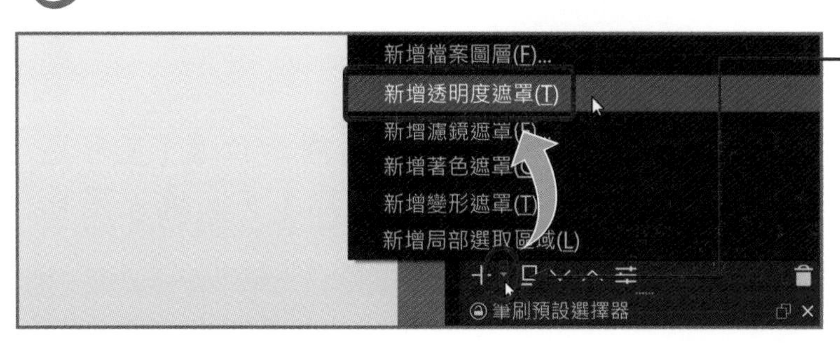

❶ 點選企鵝照片所在的圖層後，按 ＋ 的下拉方塊，點選【新增透明度遮罩】

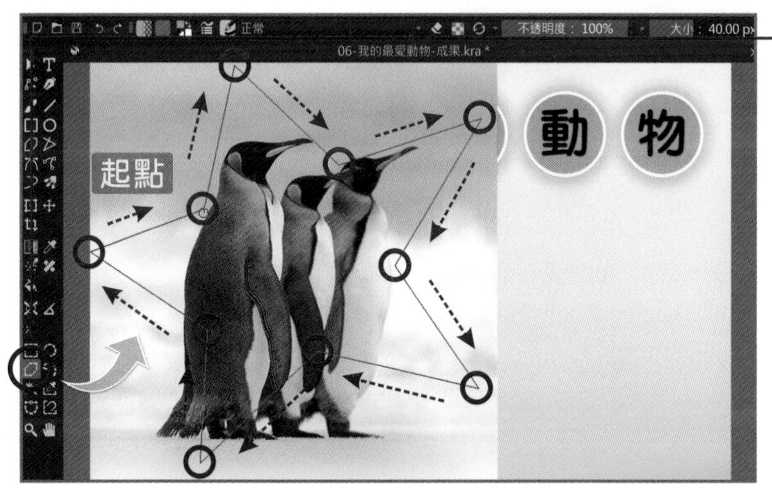

❷ 點選 【多邊形選取區域工具】，然後用點1下的方式，圈選出想要的形狀，例如星形

終點要點1下起點，才能完成圈選喔！

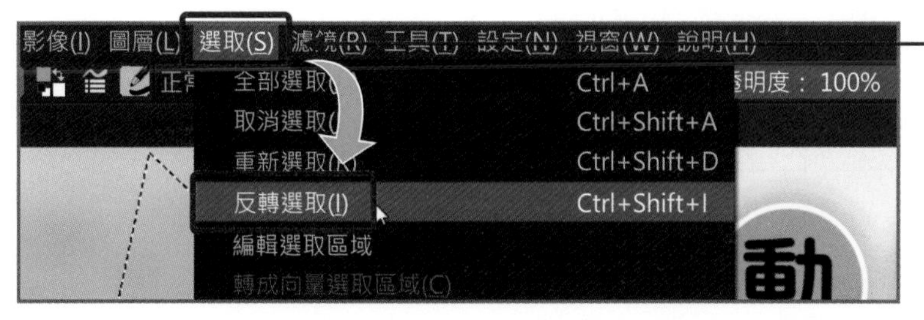

❸ 接著按【選取 / 反轉選取】

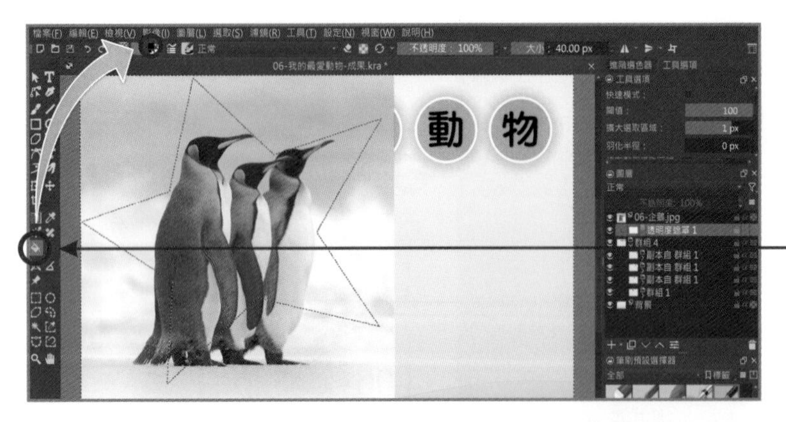

4 點選 [icon]，接著將前景色設定為黑色

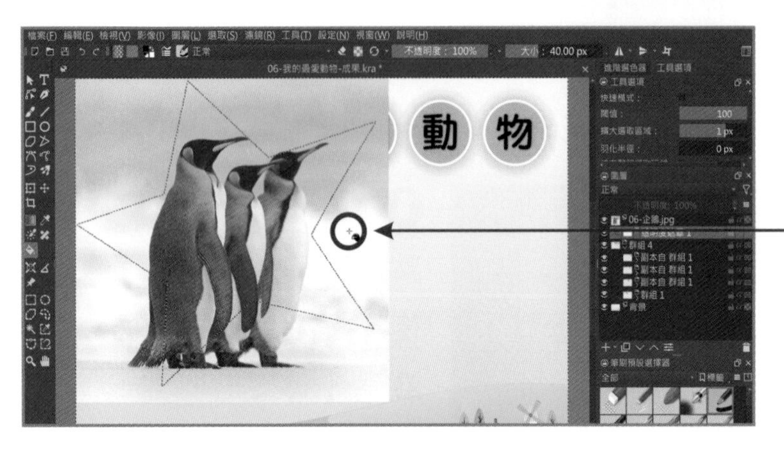

5 然後到圖示位置(星形區域外)點1下，填入黑色

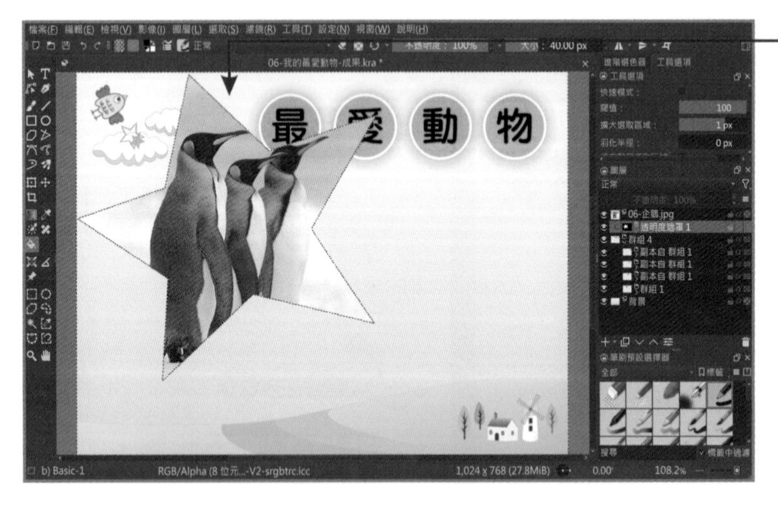

6 被填入黑色的區域變成透明，照片就只會顯示你所圈選的部分囉！

點選透明度遮罩，再按圖層面板的 [icon]，可刪除遮罩、恢復照片原狀。

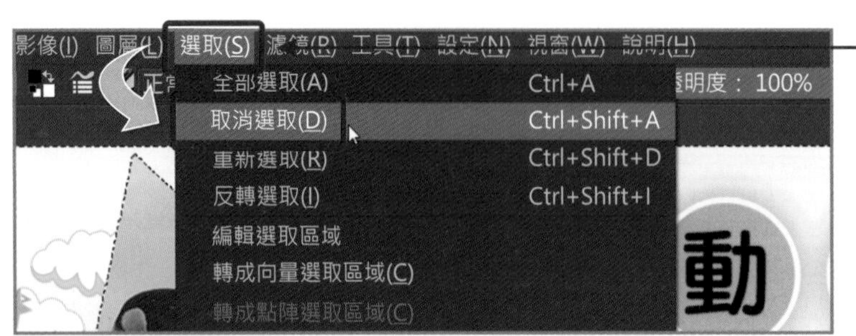

7 最後按【選取 / 取消選取】，完成自訂照片形狀

縮放、調整位置與套用圖層樣式

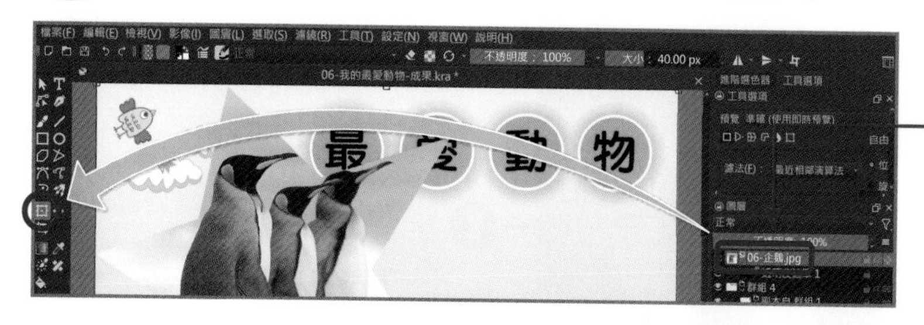

1 點選【06-企鵝.jpg】圖層，然後點選 [icon]

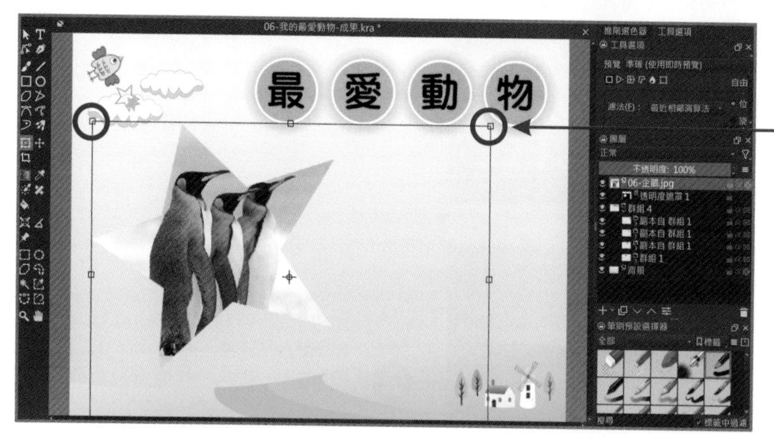

2 按住 Shift ，拖曳四個角的控點，等比例縮小照片，並且拖曳安排位置約如圖示

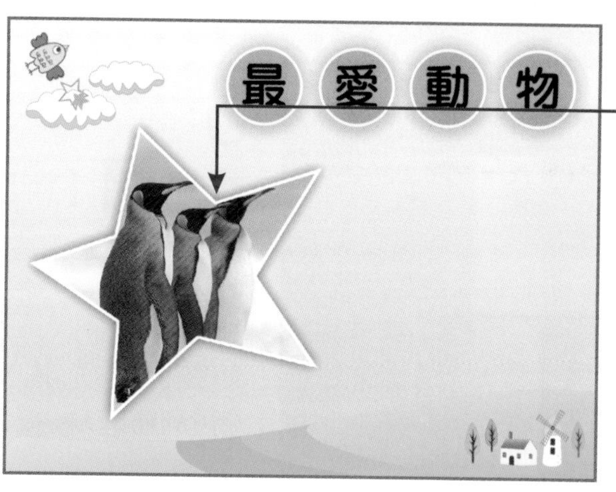

3 在【06-企鵝.jpg】圖層上按右鍵，點選【圖層樣式】，加入喜歡的樣式吧！

圖示樣式為【外發光】+【描邊】。

關於用遮罩自訂圖片形狀，這一節所教的方法，是多數影像處理軟體上會採用的方法，其觀念較正確、也是必須學會的做法。

Krita 上，有一種快速的密技：在圖片上選取區域後，直接按 ＋ 的下拉方塊，點選【新增透明度遮罩】，即可完成。但僅限於在 Krita 上使用，我們還是要先學會，適用於所有影像軟體的概念方法喔！

匯入與編輯第二張照片

❶ 匯入【06-無尾熊.jpg】

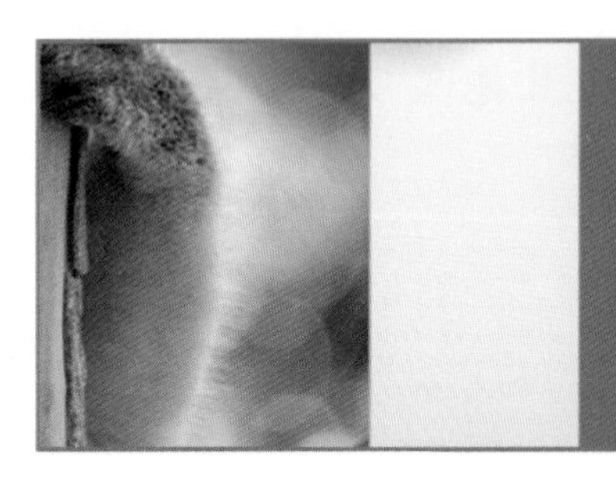

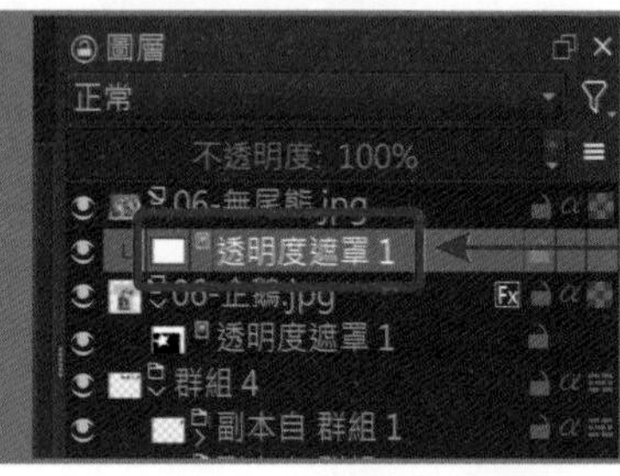

❷ 新增一個透明度遮罩圖層

❸ 點選 【橢圓選取區域工具】

❹ 如圖示，先拖曳圈選出一個橢圓區域

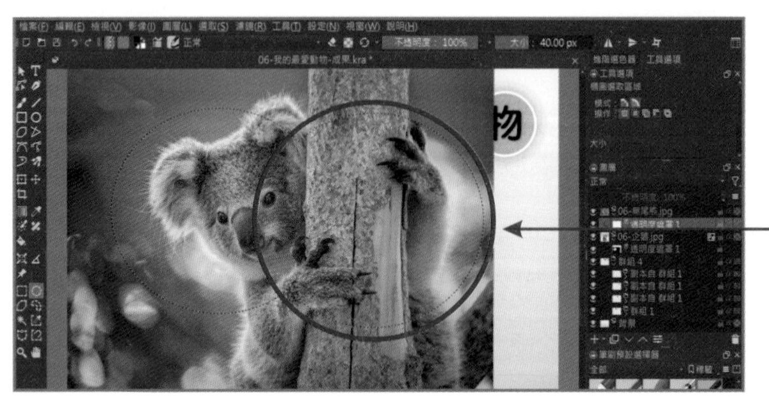

❺ 按住 Shift，拖曳加選另一個橢圓

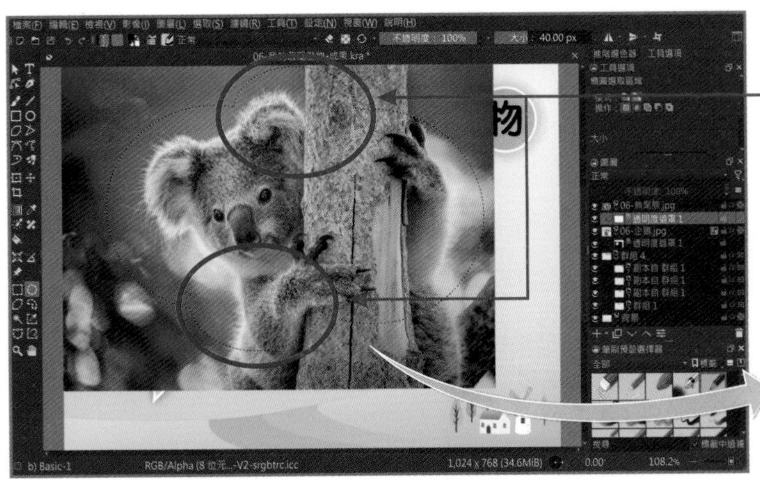

6 繼續加選兩個小橢圓

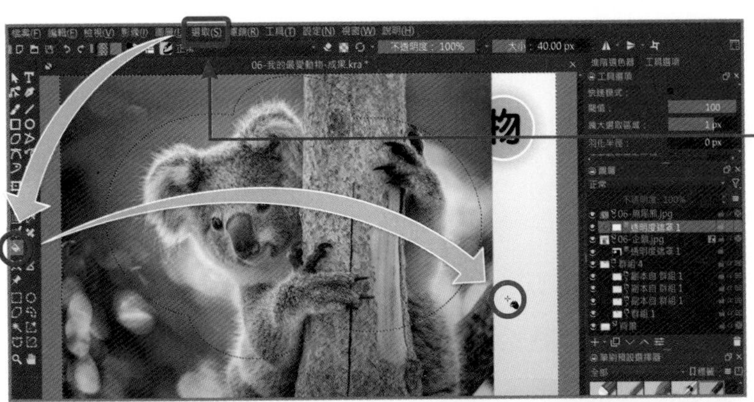

7 反轉選取後，用 在圖示區域點1下，填入黑色

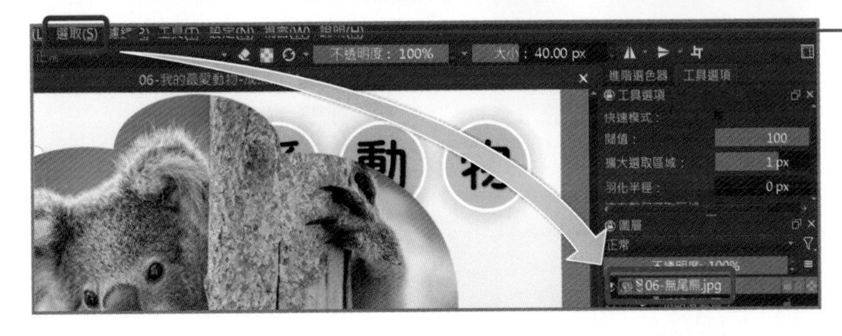

8 取消選取後，點選【06-無尾熊.jpg】圖層

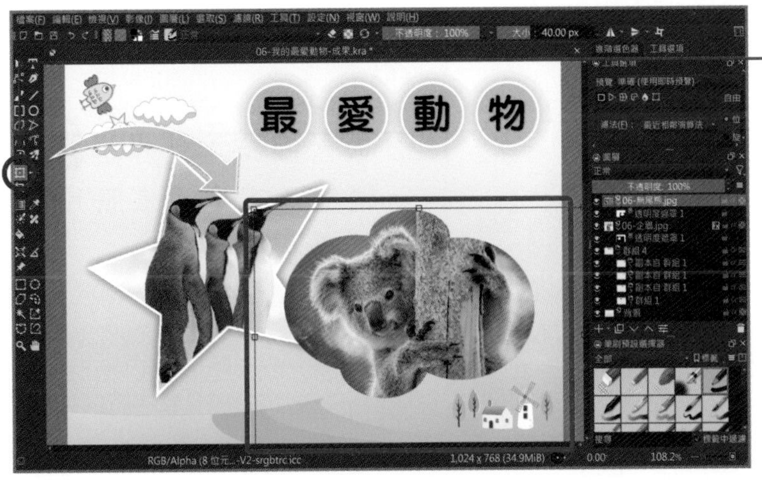

9 接著用 等比例縮小無尾熊、並拖曳到圖示位置

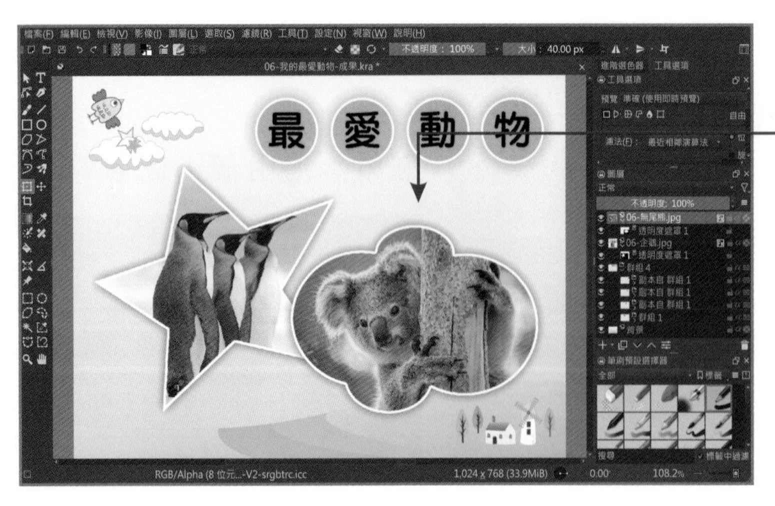

⑩

再設定喜歡的圖層樣式

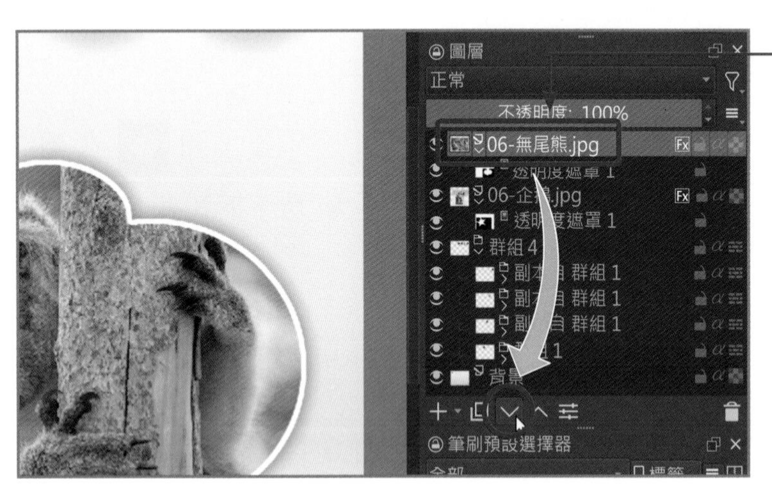

⑪

點選【06-無尾熊.jpg】圖層，然後按1下 ，將無尾熊移到企鵝下方

⑫

有需要的話，可再用 ，調整一下這兩張照片的大小與位置喔！

加入中英對照文字(圖說)

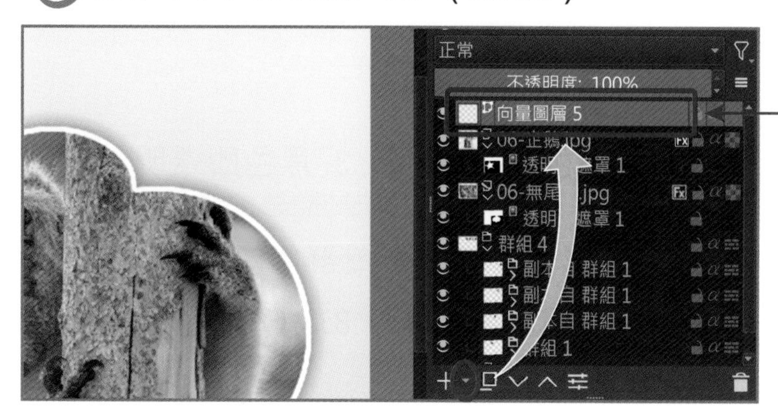

❶ 點選【06-企鵝.jpg】圖層後,在最上面新增一個向量圖層

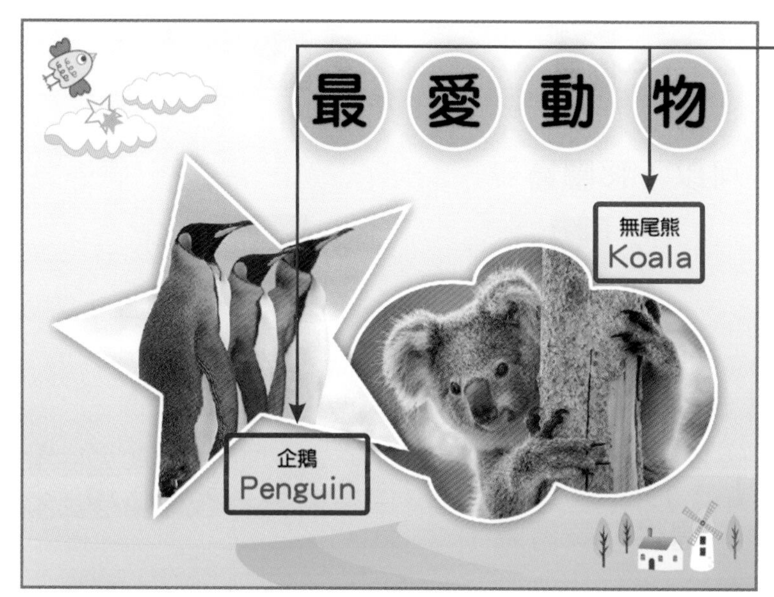

❷ 使用第5課學過的技巧,在圖示位置加入兩組中英對照的文字吧!

在文字輸入與設定視窗上,可設定成置中,也能拖曳選取不同行的文字,個別設定大小與顏色喔!

練習到這裡,這幅作品就完成了!記得要存檔喔!

我的最愛花卉

使用【我是高手】資料夾中的檔案與照片,試著設計出一幅【我的最愛花卉】吧!

上網搜尋,然後加上英文名稱,有加分喔!

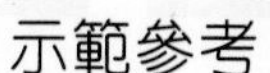

( ) 1 製作遮罩的訣竅就是 ?

1. 灰色即透明　　2. 白色即透明　　3. 黑色即透明

( ) 2 在哪個圖層下，製作的影像會自動形成群組 ?

1. 再製圖層　　2. 群組圖層　　3. 填充圖層

( ) 3 群組後的圖層影像，要用哪個工具才能移動它 ?

1.　　2.　　3.

( ) 4 按哪個按鈕，可以下移圖層 ?

1.　　2.　　3.

進階練習圖庫　主題照片

在本課的【進階練習圖庫】，有很多世界風景、台灣景點、美食、花卉 ... 等各類【主題照片】，提供你練習喔！

7 永遠的好麻吉

－圖片鏤空、彩繪文字與倒影

統整課程

藝術 

◎ 能認識與使用資訊科技表達想法

◎ 能利用科技與他人建立良好的互動關係

◎ 能將資料有系統地透過影像呈現

課程重點

◎ 會繪製藝術感底圖

◎ 學會在圖片上做鏤空效果

◎ 學會鏤空圖與照片的合成

◎ 學會彩繪文字

◎ 學會製作倒影效果

我的麻吉藝術寫真

青春無敵、友情無價！這一課讓我們繪製藝術風底圖做相框、匯入與編輯麻吉們的照片、彩繪文字做標題、最後再用倒影效果裝飾一下，完成一幅超漂亮的麻吉藝術寫真吧！

來！
笑一個！

彩繪
與鏤空

編輯影像與
做特效

來畫印象派底圖

用 Krita 的筆刷還可以畫出超有藝術感的作品喔！讓我們來畫印象派畫風的影像，當做麻吉寫真的底圖吧！

練習提要

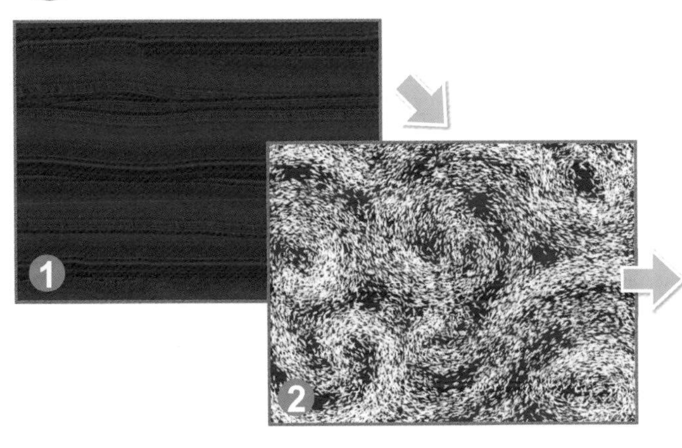

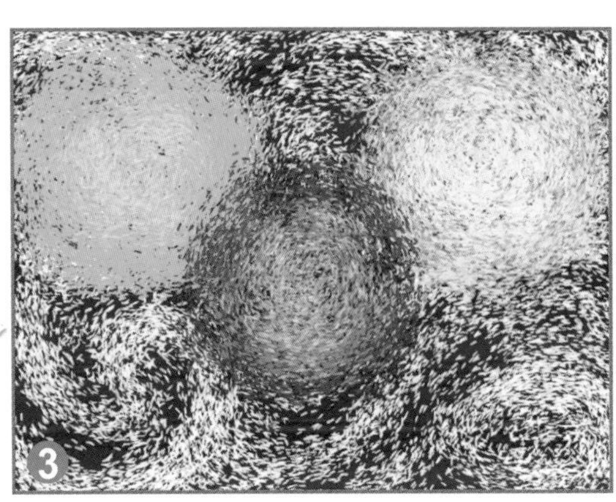

新增檔案與塗滿底色

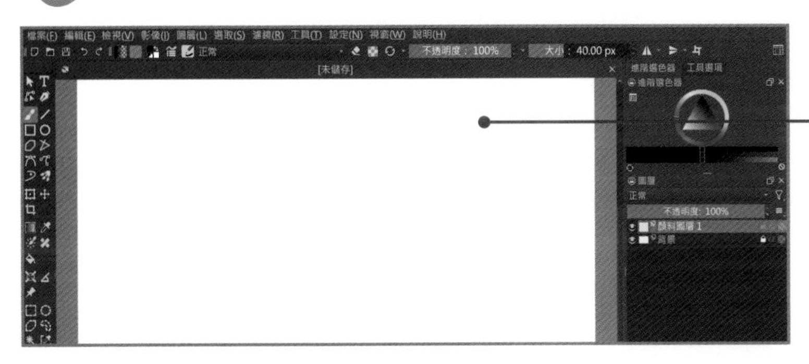

1. 新增一個 1024 x 768 像素、72 解析度的檔案

2. 選取筆刷與塗滿：

- A 點選【手繪筆刷工具】
- B 點選 (m) RGBA 02 Thickpaint) (RGBA 02 - 厚顏料)
- C 顏色 - (較深的藍色)
- D 大小 - 200.00 px
- E 接著手繪塗滿整個版面

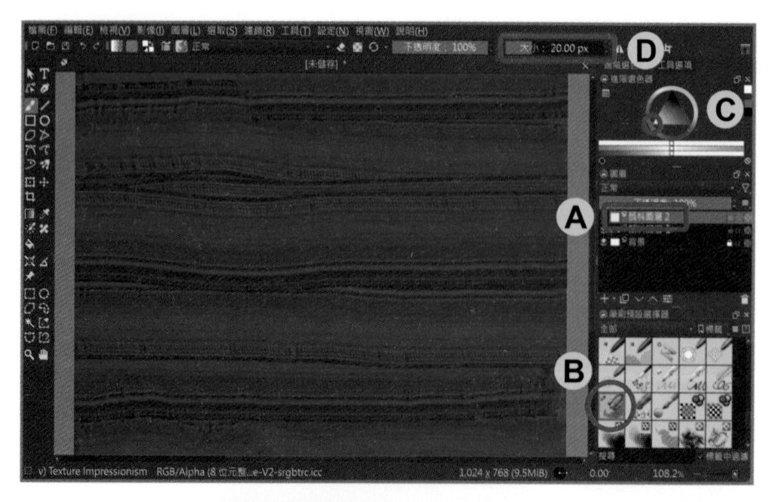

3

更換筆刷與設定：

A 新增一個顏料圖層

B 點選  (v)Texture Impressionism) (紋理-印象派)

C 顏色 - □ (白色)

D 大小 - 20.00 px

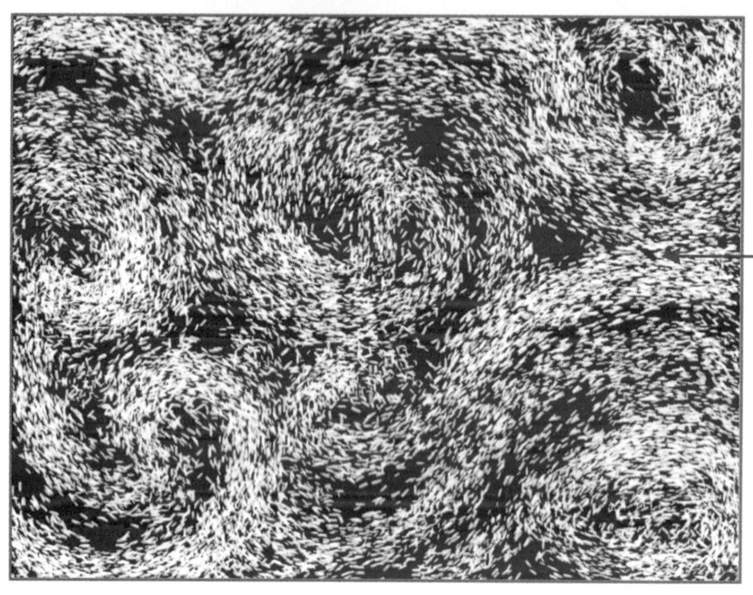

4

接著繼續手繪畫出約如圖示的圖案

不滿意繪製的結果，隨時可以按 Ctrl + Z，復原後，重新繪製。

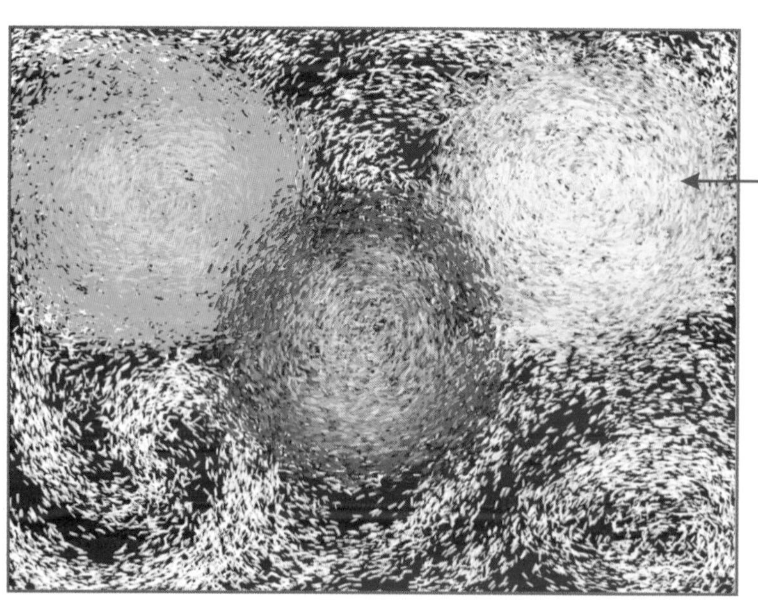

5

更換顏色，陸續畫出約如圖示的三個彩色圖案，這樣就完成一幅印象派的底圖囉！

在圖片上做鏤空(挖洞)

超有藝術感的底圖做好囉！再來以不破壞影像的方式，在上面鏤空，讓它變成一個可以容納三張照片的相框吧！

練習提要

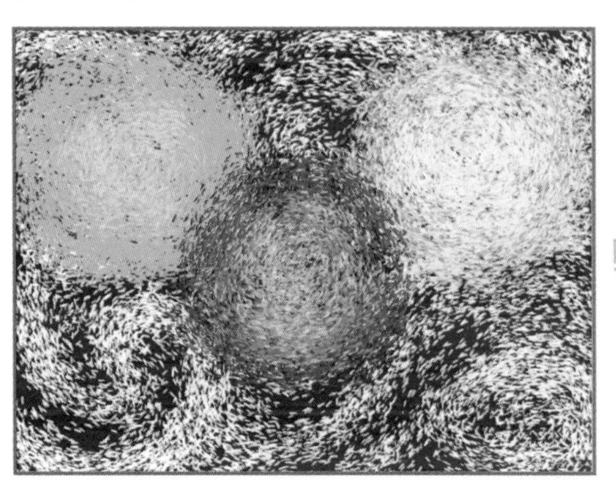

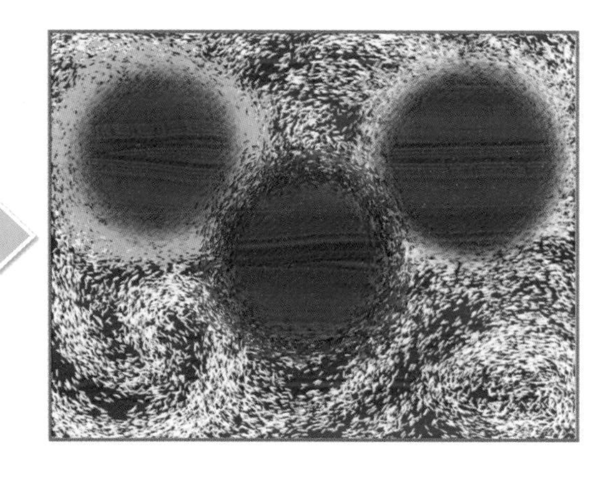

新增透明度遮罩與設定筆刷

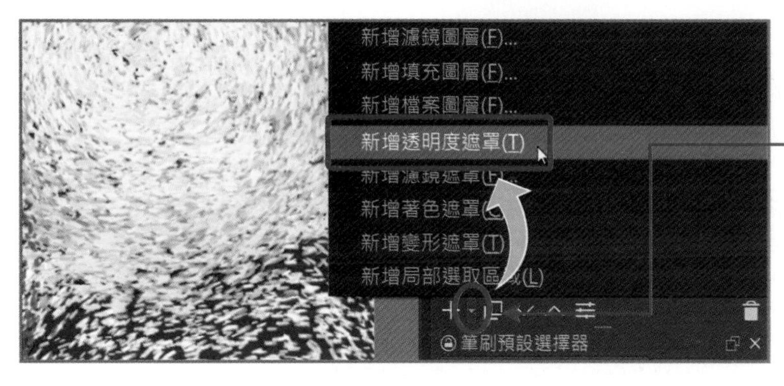

❶ 按 ＋ 下拉方塊，點選【新增透明度遮罩】

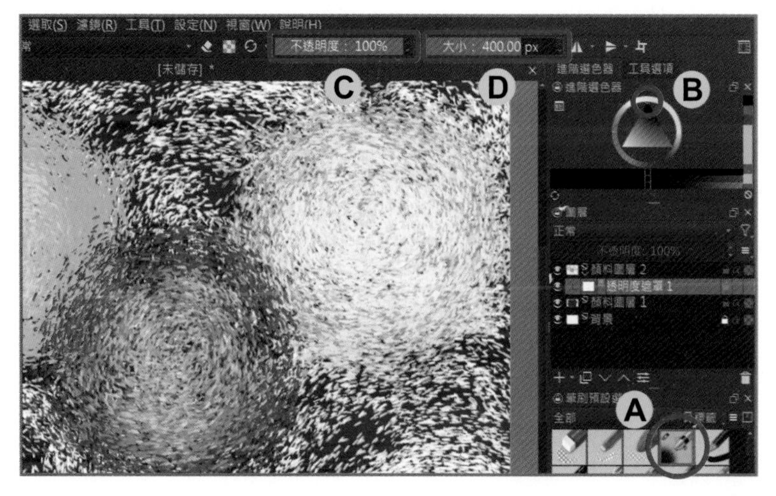

❷ 選擇筆刷與設定：

A 點選 (b) Airbrush Soft)(噴槍-柔和)

B 顏色 - (黑色)

C 不透明度 - 100%

D 大小 - 400.00 px

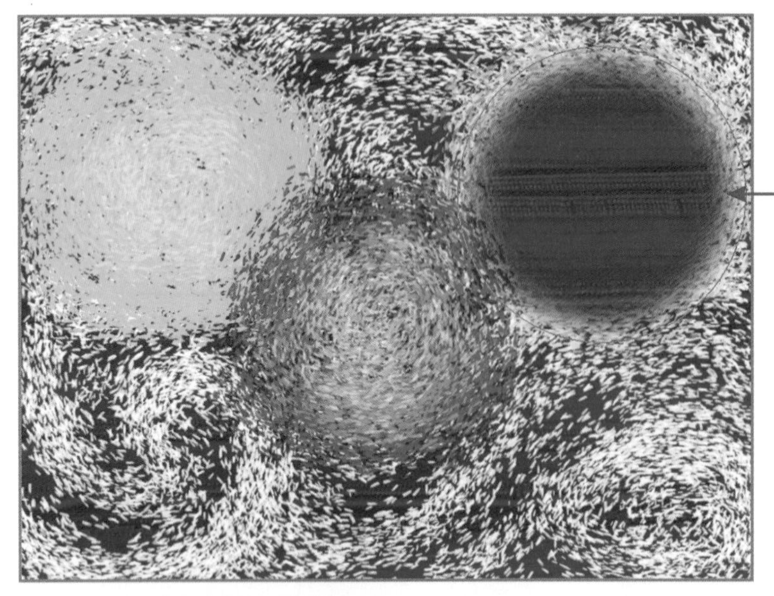

❸ 到圖示位置，用點1下的方式，連續點幾下，鏤空圖案約如圖示

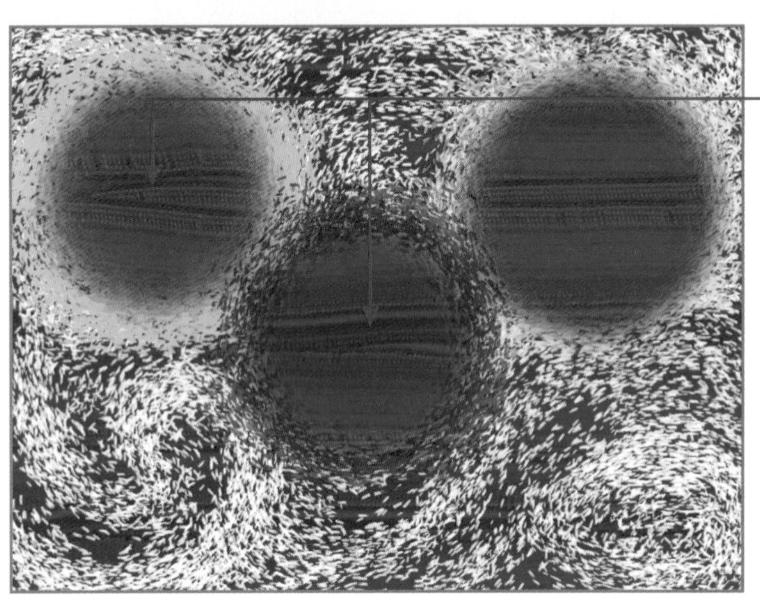

❹ 接著再陸續完成其他兩個區域的鏤空效果

巧妙運用各種筆刷，就可以做出很多種鏤空效果，大家有空就試試看吧！

老師說

除了筆刷，也可用各種選取區域工具來做鏤空喔！例如：

A 在圖片圖層下新增透明度遮罩

B 點選 ，圈選出一個區域

C 點選 ，到選取區域上填入黑色，就可做鏤空囉！

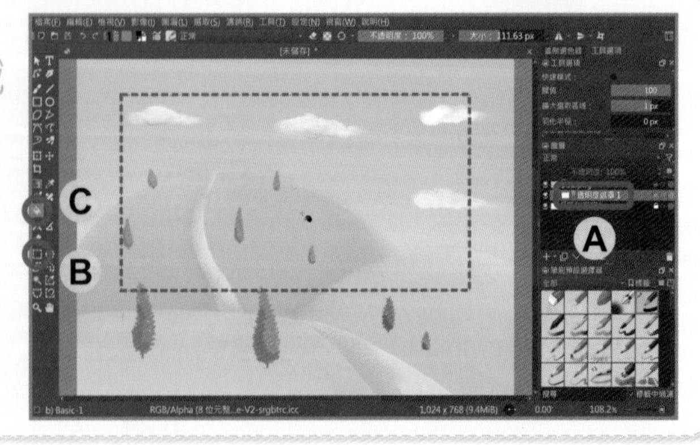

匯入照片與編輯

接著匯入照片、編輯一下大小、位置，再將多餘的影像擦除，完成照片與相框的合成吧！

練習提要

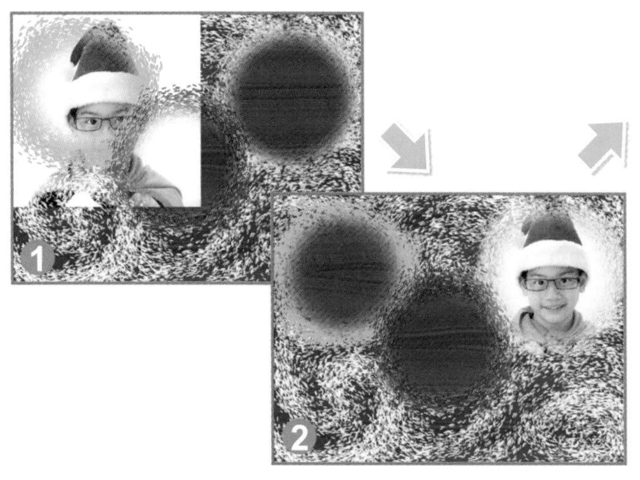

匯入第一張照片與安排位置

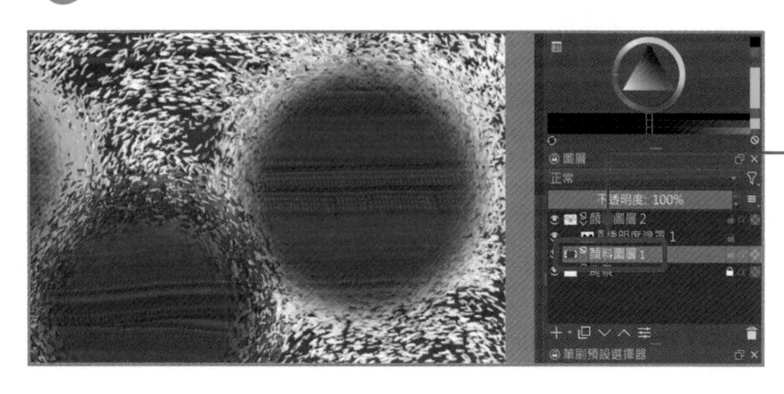

❶ 點選透明度遮罩下方的圖層

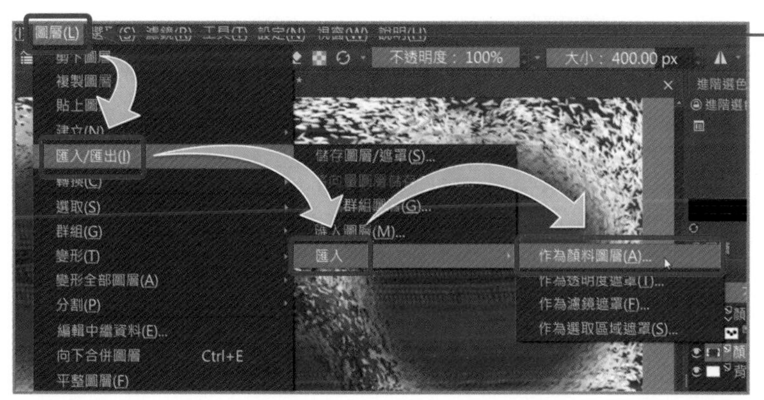

❷ 按【圖層 / 匯入/匯出 / 匯入 / 作為顏料圖層】

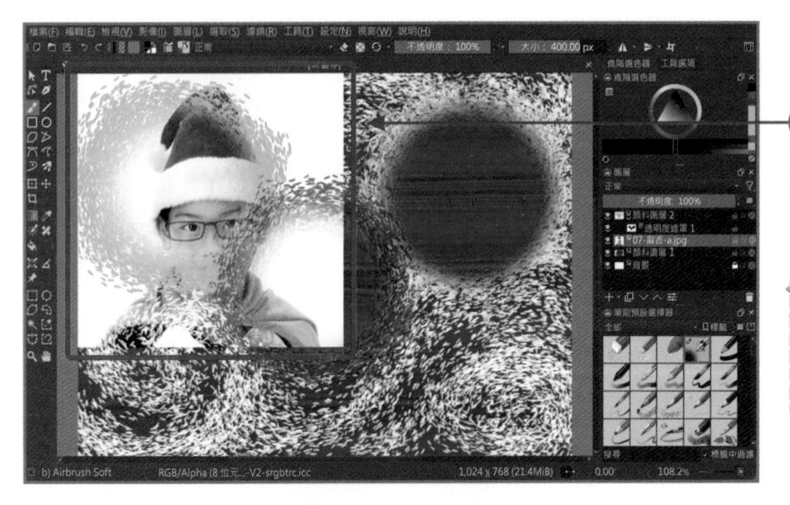

❸

匯入【07-麻吉-a.jpg】

也可以匯入自己準備的麻吉照片喔！

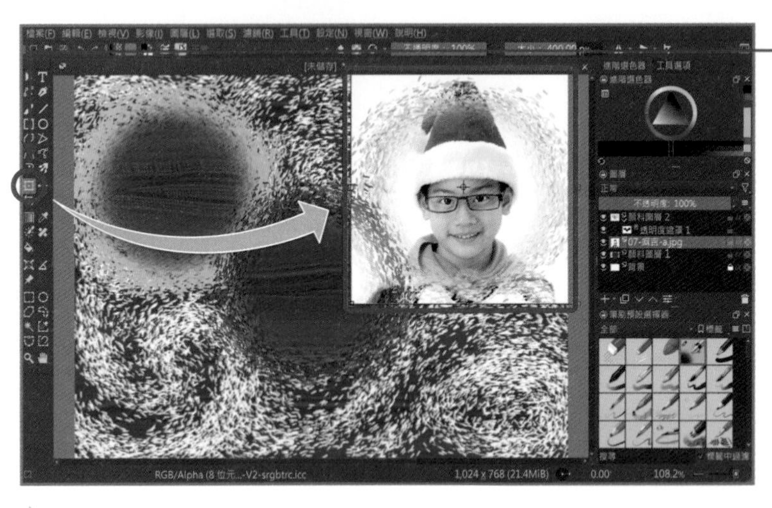

❹

點選 ，等比例縮小約如圖示，並拖曳移動到圖示位置

按住 Shift ，再拖曳四個角的控點，可等比例縮放。

擦除不要的影像

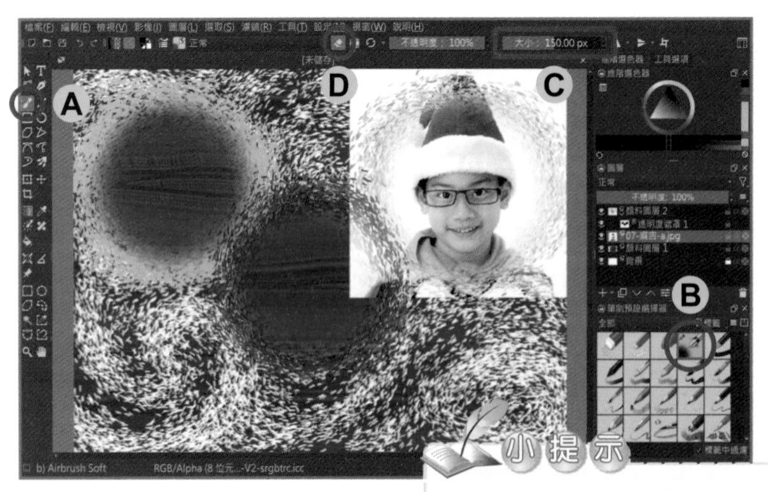

❶

點選筆刷與設定：

A 點選

B 再點選 (噴槍)

C 大小 - 150.00 px

D 按 1 下

小提示

選擇噴槍來當橡皮擦，就可擦出柔和、半透明的邊緣，讓照片與鏤空處，融合得更自然。

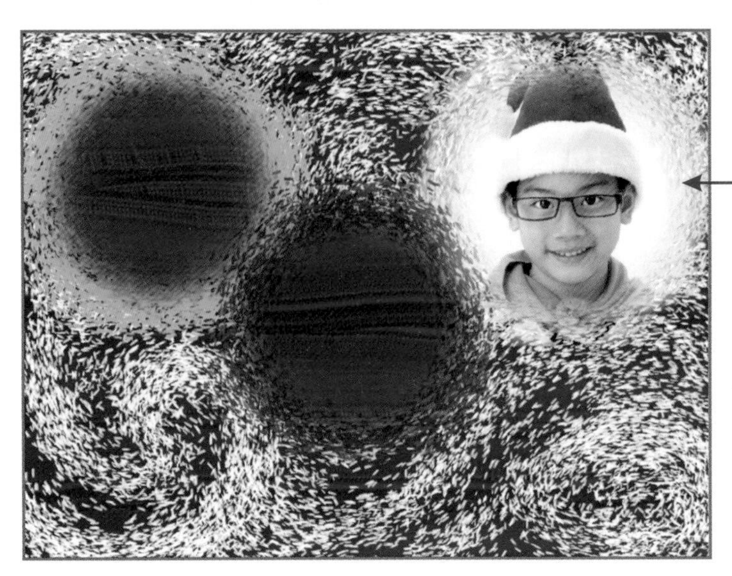

2 小心、慢慢地擦除黃色圈圈外的影像，約如圖示

不滿意擦除的結果，隨時可以按 Ctrl + Z ，復原後，重新擦除。

3 匯入【07-麻吉-b.jpg】，等比例縮小、安排位置並擦除不要的影像

4 匯入【07-麻吉-c.jpg】，等比例縮小、安排位置並擦除不要的影像

練習至此，儲存一下目前的成果吧！

檔名：07-永遠的好麻吉-成果

格式：kra

5 彩繪文字

現在讓我們來做標題，但 ... 文字只能設成單一顏色嗎？那可不！用一些技巧，就可以像畫圖一樣彩繪它喔！趕快來學！

練習提要

永遠的好麻吉 → 永遠的好麻吉

開啟檔案與輸入文字

❶ 開啟上一節完成的成果，然後在最上面新增一個向量圖層

❷ 接著用 T，製作一個標題文字【永遠的好麻吉】

字型 - 華康海報體 Std W12 或類似字型
大小 - 120
顏色 - ■ (黑色)

選取不透明區域與新增顏料圖層

❶ 按【選取 / 選取不透明區域 / 選取不透明區域 (取代)】

彩繪文字只能在顏料圖層上製作。
所以先以文字來設定彩繪區域，再新增一個顏料圖層，來進行彩繪！

❷ 沿著文字的內外邊緣，全部都會被選取起來

因文字是不透明的，所以能被完整選取起來。

❸ 接著按1下 ＋，新增一個顏料圖層

來彩繪文字吧！

❶
選取筆刷與設定：

A 點選

B 再點選

C 顏色 -

D 不透明度 - 100%

E 大小 - 60.00 px

❷
如圖示，先在左方塗抹、填上紅色

❸
更換顏色為橙色，如圖示繼續塗上顏色

你也可以選自己喜歡的顏色來彩繪喔！

❹
繼續更換顏色，完成彩繪文字吧！

複製圖層與套用圖層樣式

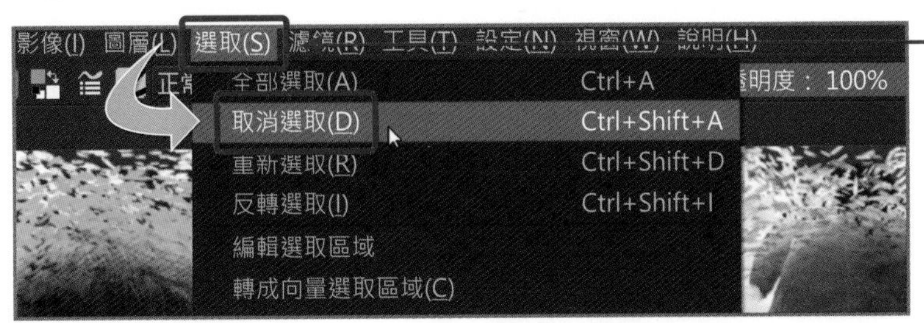

1 按【選取 / 取消選取】

2 按1下 【複製圖層或遮罩】

將複製的圖層套用圖層樣式；原圖層則用來編輯成【倒影】效果喔！

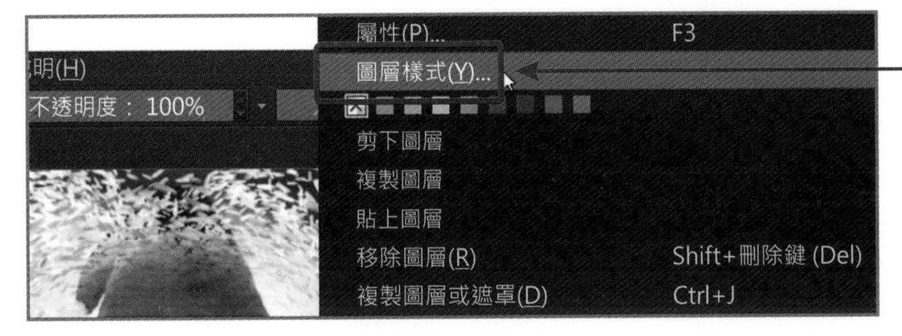

3 在複製的圖層上按右鍵，點選【圖層樣式】，然後套用【陰影】與【描邊】效果 (如下圖所示)

4 套用圖層樣式後的彩繪文字，更清楚、漂亮囉！

下一節我們再來安排標題位置與製作倒影效果吧！

6 製作倒影效果

還記得上一節有複製好一張相同的標題影像嗎？來將它翻轉、變形一下，再使用透明度遮罩，做出倒影效果吧！

練習提要

隱藏向量圖層與安排標題位置

1 點 1 下一開始製作的文字圖層(向量圖層)的 → ，將它隱藏起來

不刪除的原因是：要把它當備份。萬一想重新彩繪或做其他運用時，就不用再製作。

2 點選標題圖層(最上方的圖層)，然後用 拖曳標題到圖示位置

安排倒影位置與做翻轉、變形

1 用 點選標題圖層下方的圖層，然後拖曳影像到約圖示位置

2 在影像上按右鍵，點選【垂直翻轉】

再按1下 ，取消選取

此軟體特性，這裡要取消一次選取，否則到下一步驟，可能會自動復原到未移動時的狀態。

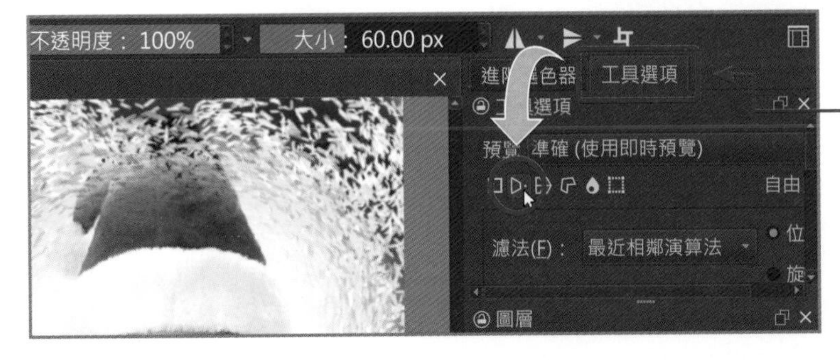

3 再度點選 ，然後按【工具選項】標籤，再點選 【透視】

❹ 按住 Shift ，拖曳左下角的控點到約圖示位置

❺ 按住 Shift ，拖曳右下角的控點到約圖示位置

記得第6課說過【黑色即透明】嗎？黑色是透明，那灰色就是半透明、白色為不透明。我們就要用這個規則來製作倒影效果。

用透明度遮罩做倒影效果

❶ 在變形影像的圖層下，新增一個透明度遮罩

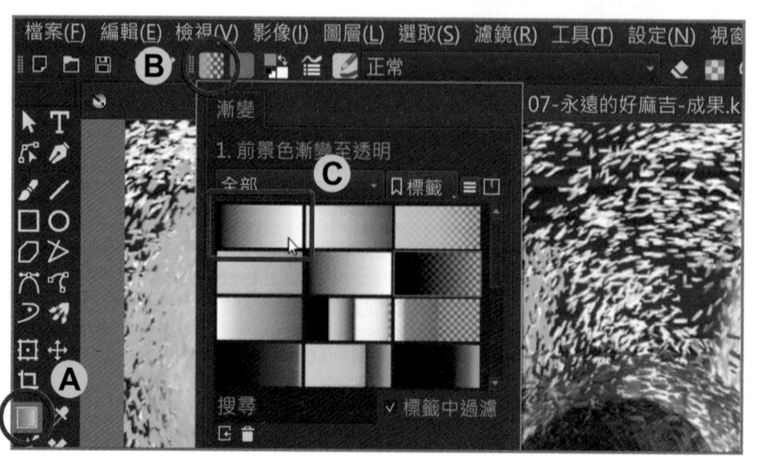

❷ 設定漸層：

A 點選 【漸變工具】

B 按1下 【填充漸變】方塊

C 點選 【預設】後，點1下檔案標題列，即可關閉漸變小視窗

3

按住左鍵，從 A 拖曳到 B，然後再放開左鍵，填入漸層

拖曳時，按住 Shift，可以用絕對垂直或水平方向來填入漸層。

4

這樣就完成倒影效果的製作囉！

練習至此，這幅麻吉寫真就大功告成了！記得要存檔喔！

我是高手 校園生活一二三

使用【我是高手】資料夾中的檔案與照片，試著設計出一幅【校園生活一二三】的學校生活寫真吧！

鏤空可用塗抹、標題可填漸層喔！

( ) 1 用以下哪些工具可以製作鏤空的效果 ?

1. 手繪筆刷工具　2. 區域選取工具　3. 以上皆可

( ) 2 需在哪種圖層上，才能製作彩繪文字 ?

1. 向量圖層　2. 顏料圖層　3. 以上皆可

( ) 3 按哪個按鈕，可以做影像的透視變形 ?

1.　2.　3.

( ) 4 在透明度遮罩上，黑色即透明，那灰色呢 ?

1. 不透明　2. 半透明　3. 沒有作用

進階練習圖庫　藝術背景圖

在本課的【進階練習圖庫】，有很多【藝術背景圖】，提供你練習喔！

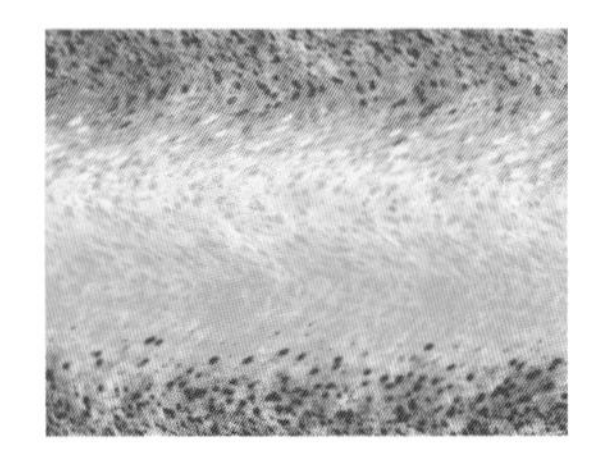
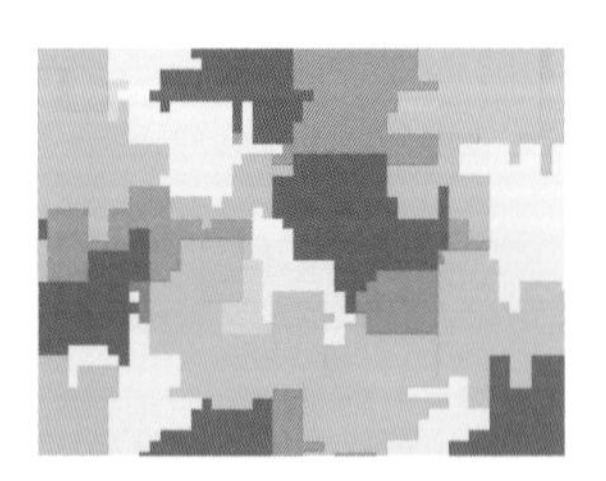

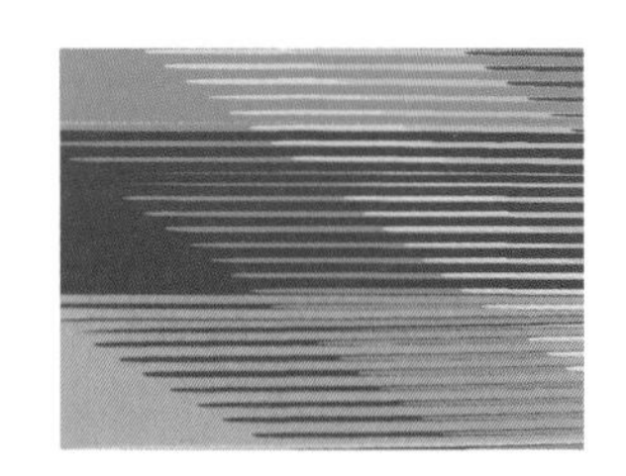
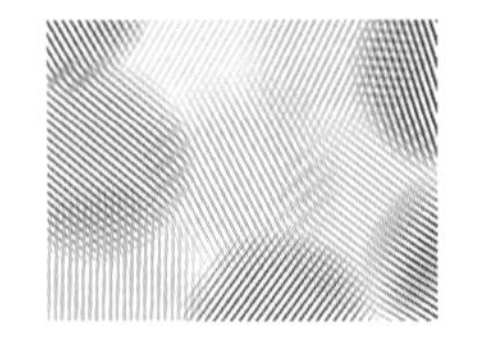

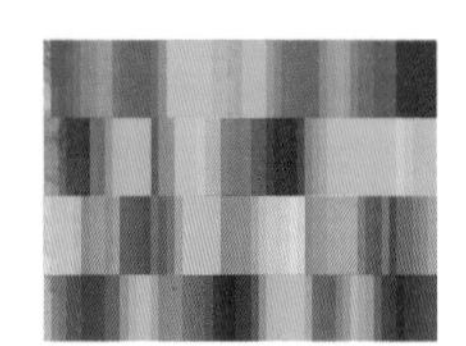

8 魚兒 Say Hello

- 編輯動畫與匯出

統整課程

藝術　英語

核心概念

◎ 能應用運算思維描述與解決問題

◎ 運用科技規劃與執行計畫的基本概念

◎ 能認識與使用資訊科技以表達想法

課程重點

◎ 知道構成動畫的原理

◎ 學會編輯影格

◎ 學會插入新的時間軸與繪製

◎ 學會匯出 GIF 動畫

動畫原理與影格構思

在看到下一張影像前，現在的影像會暫時停留在視網膜上，這就是【視覺暫留】現象。動畫製作，就是利用這種現象，藉由【快速播放】的方式，播放一張張影像，就會產生動畫效果。例如：

站立　　跳起　　蹲下

使用的影像越多，動作就越細膩，但檔案也會越大喔！

構成【動畫】的影格，每個最好都要有【差異性】。雖沒有強制規定，但原則上必須【不同】，才會有【動】的感覺！所以在製作動畫前，要先構思好每一格的畫面喔！例如：

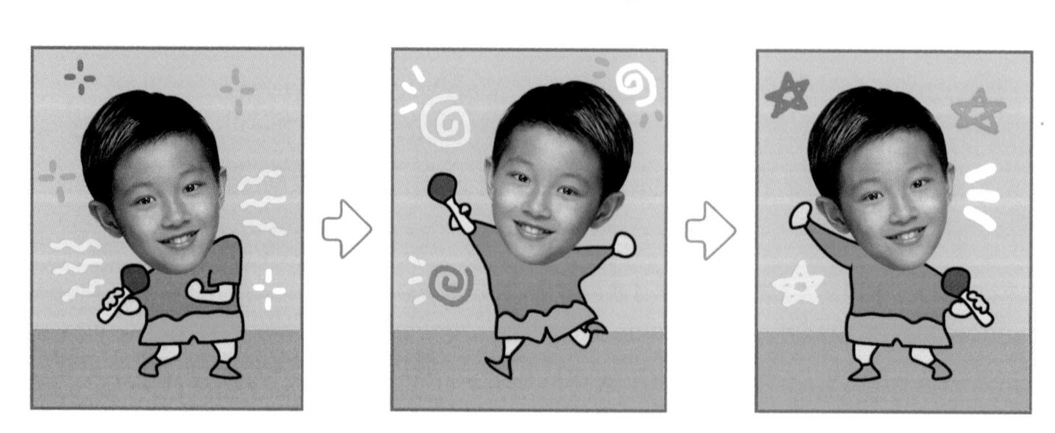

利用姿勢、圖案或位置的不同，製作出差異性。

2 切換到動畫編輯介面

要在 Krita 編輯動畫，需要轉換到專用的動畫編輯介面上喔！讓我們先開啟練習檔案，然後轉換到動畫介面吧！

1 開啟範例檔案【08-魚兒 Say Hello】

這是一份事先做好背景、物件的檔案。

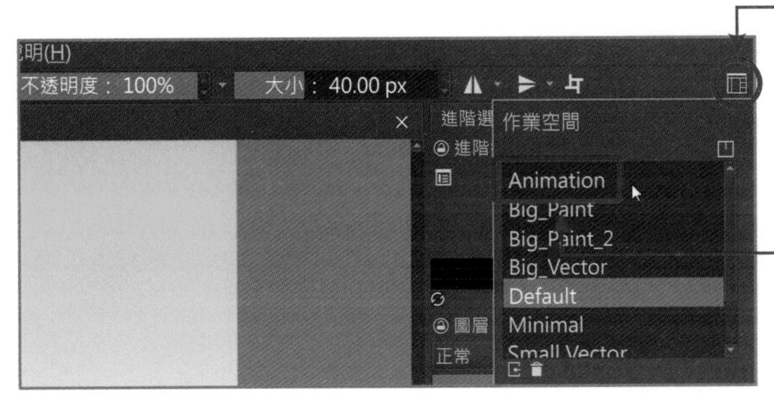

2 到右上方按 1 下 【選擇作業空間】

3 點選【Animation】

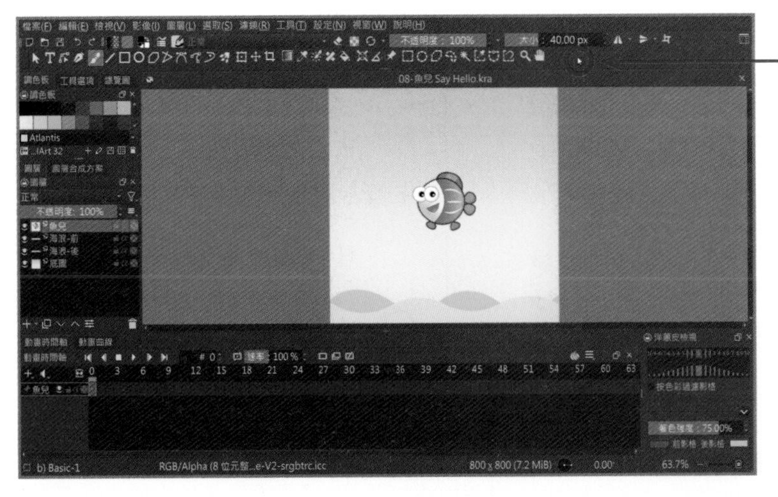

4 到工具列的空白處點 1 下(關閉選擇視窗)，就切換到動畫編輯介面囉！

按 點選【Default】，可回到常用的預設介面。

編輯動畫

Krita 是用【影格】的方式來編輯動畫的；藉由播放不同的影格畫面，就可以變成動畫囉！趕快來練習吧！

練習提要

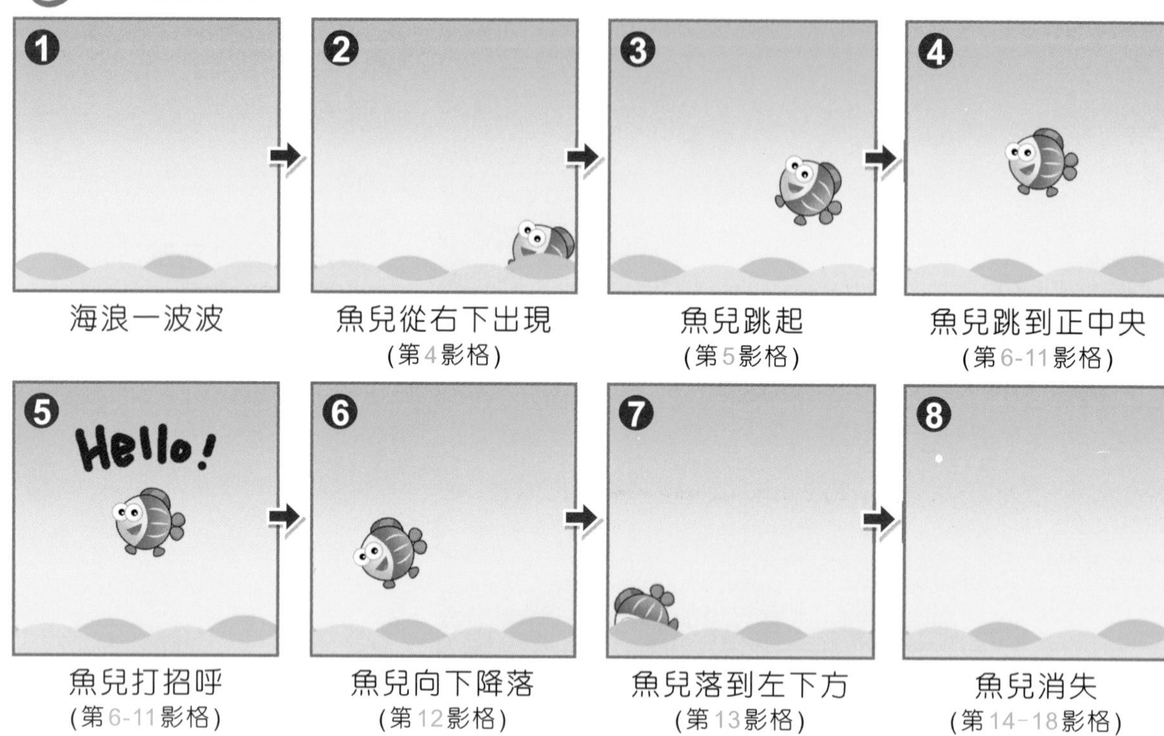

1. 海浪一波波
2. 魚兒從右下出現（第4影格）
3. 魚兒跳起（第5影格）
4. 魚兒跳到正中央（第6-11影格）
5. 魚兒打招呼（第6-11影格）
6. 魚兒向下降落（第12影格）
7. 魚兒落到左下方（第13影格）
8. 魚兒消失（第14-18影格）

- 淺色海浪-右+深色海浪-左：第 1、3、5、7、9、11、13、15、17 影格
- 淺色海浪-左+深色海浪-右：第 2、4、6、8、10、12、14、16、18 影格

將圖層加入時間軸

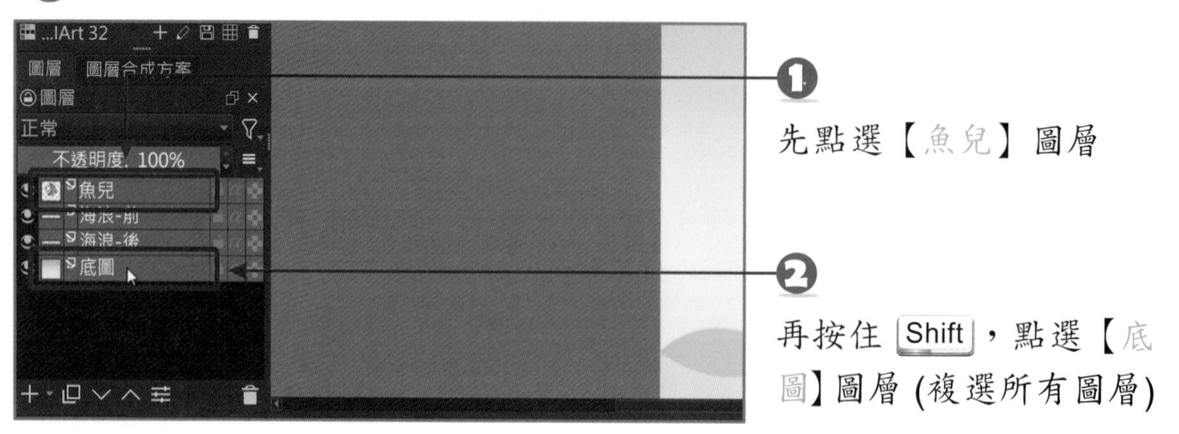

1. 先點選【魚兒】圖層
2. 再按住 Shift，點選【底圖】圖層 (複選所有圖層)

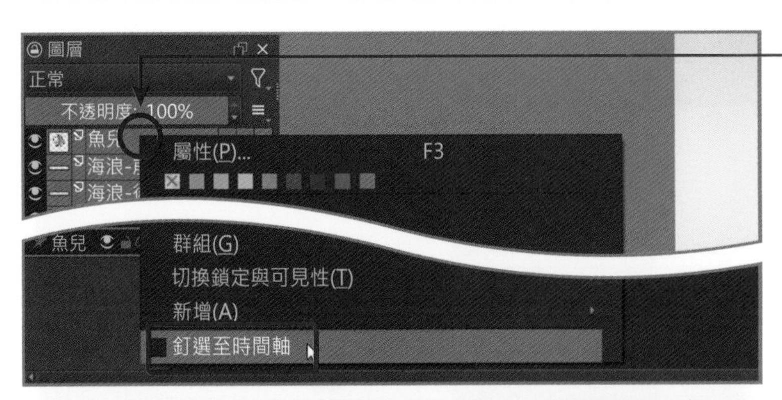

3 在複選的任一圖層上按右鍵，然後點選【釘選至時間軸】

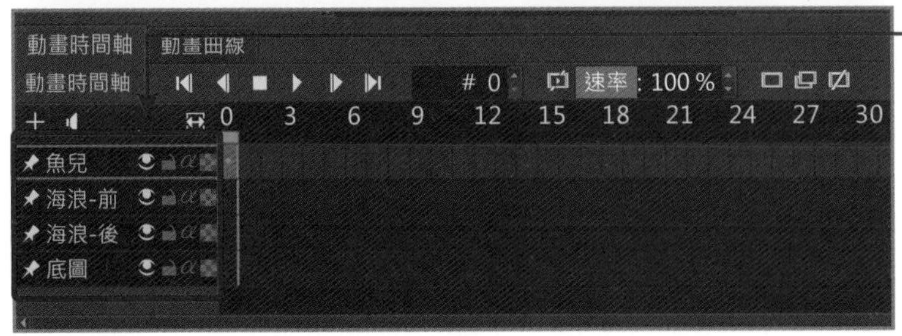

4 圖層釘選到時間軸後，就可以開始編輯畫格囉！

每個時間軸的名稱，會跟圖層上的一樣喔！

編輯淺色波浪影格

藉由左右移動，可做出海浪波動的感覺。就從淺色波浪開始設定吧！

1 點選【海浪-前】時間軸，然後再點選第2個影格

注意：Krita 的影格是從0開始算起的，所以第2個影格編號是#1喔！

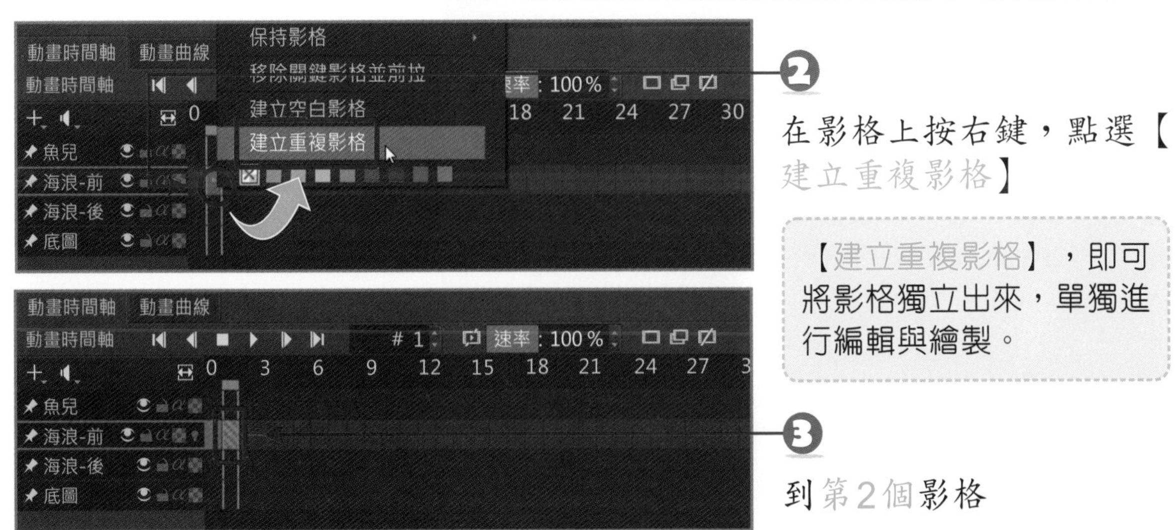

2 在影格上按右鍵，點選【建立重複影格】

【建立重複影格】，即可將影格獨立出來，單獨進行編輯與繪製。

3 到第2個影格

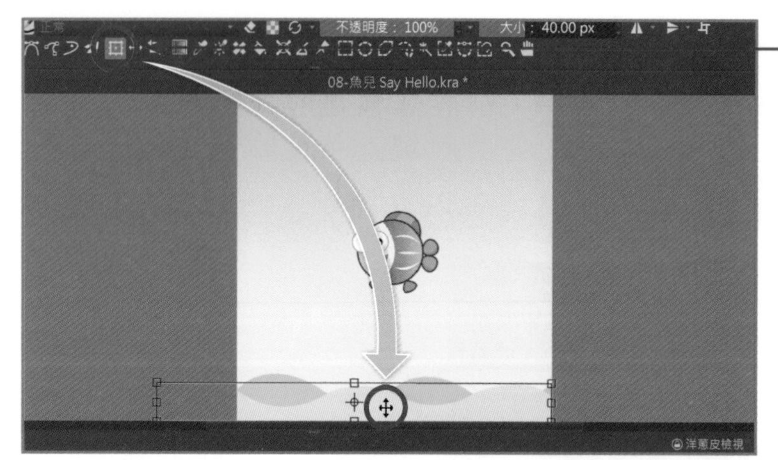

❹ 點選 ，選取前方淺色波浪圖案

注意

用 點選圖案時，若出現全選所有物件，就到圖層面板，先點選【海浪-前】圖層，再點選編輯區圖案。

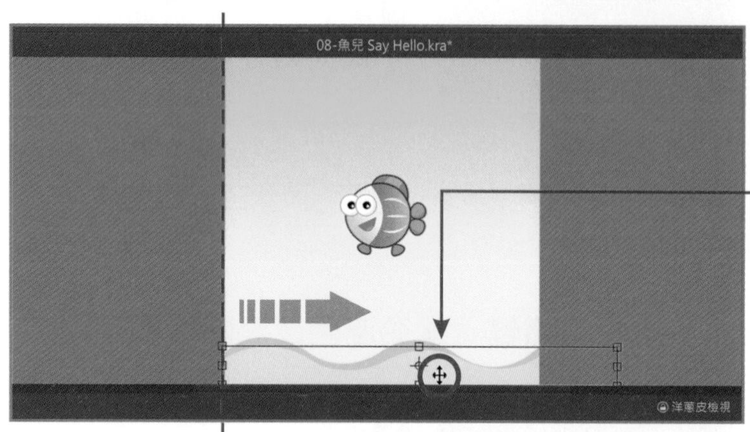

❺ 按住 Shift ，向右拖曳圖案，直到左側邊緣切齊底圖的左緣

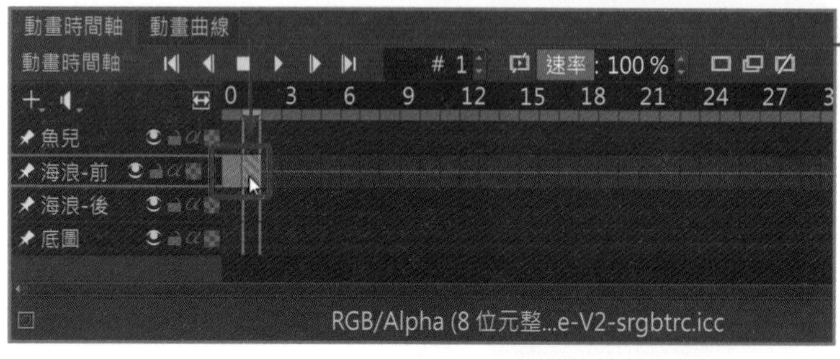

❻ 先點選第 1 個影格，再按住 Shift ，點選第 2 個影格 (複選這兩個影格)

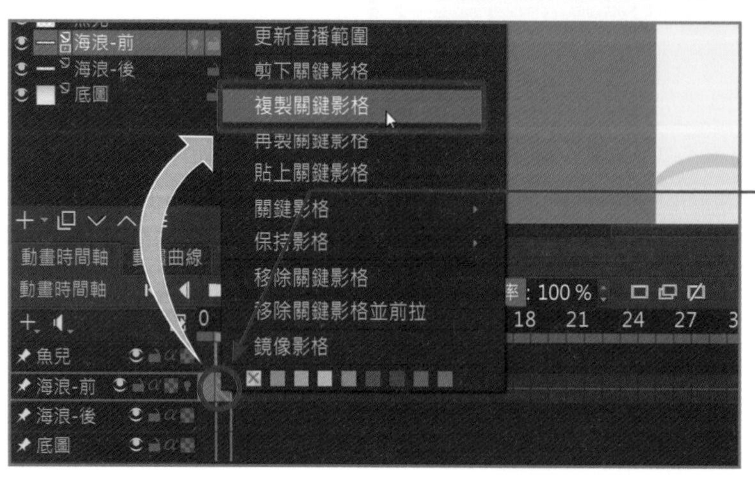

❼ 在選取的影格上按右鍵，點選【複製關鍵影格】

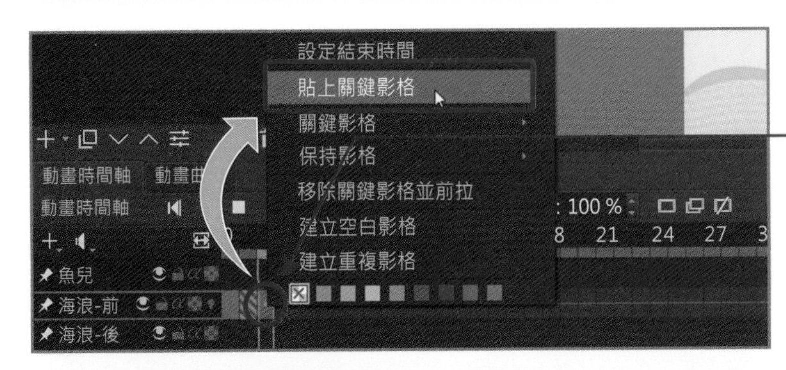

❽ 點選第3個影格，然後按右鍵，點選【貼上關鍵影格】

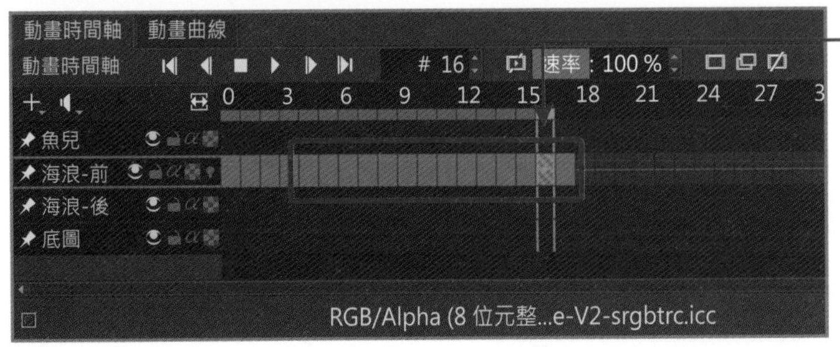

❾ 接著陸續在第5、7、9、11、13、15、17影格上按右鍵，點選【貼上關鍵影格】

這樣就完成【海浪-前】時間軸的影格編輯囉！

編輯深色波浪影格

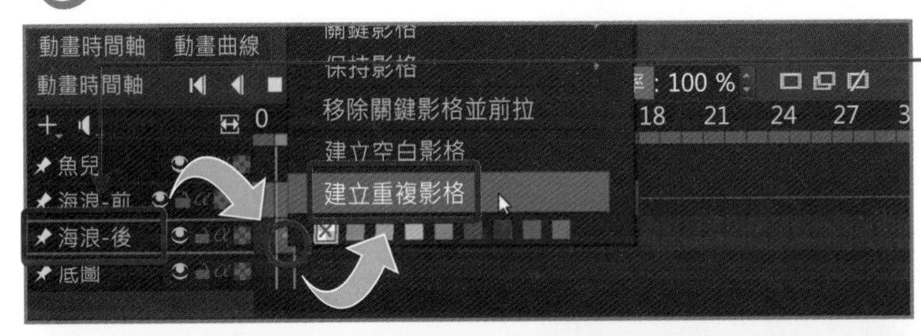

❶ 點選【海浪-後】時間軸，然後再點選第2個影格

接著在影格上按右鍵，點選【建立重複影格】

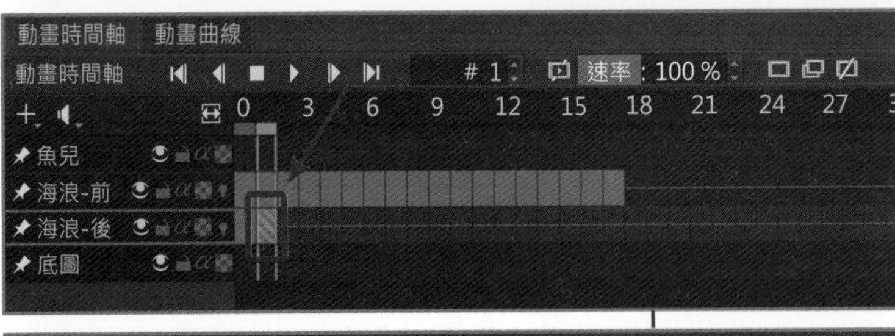

❷ 點選第2個影格

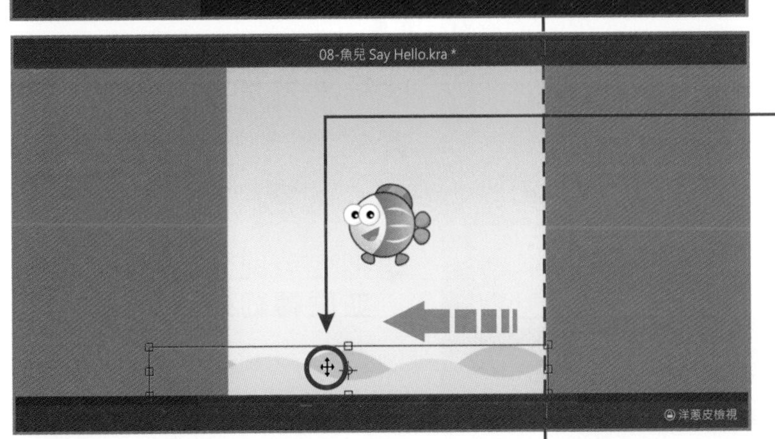

❸ 用 點1下後方深色波浪圖案，然後按住 Shift ，向左拖曳圖案，直到右側邊緣切齊底圖的右緣

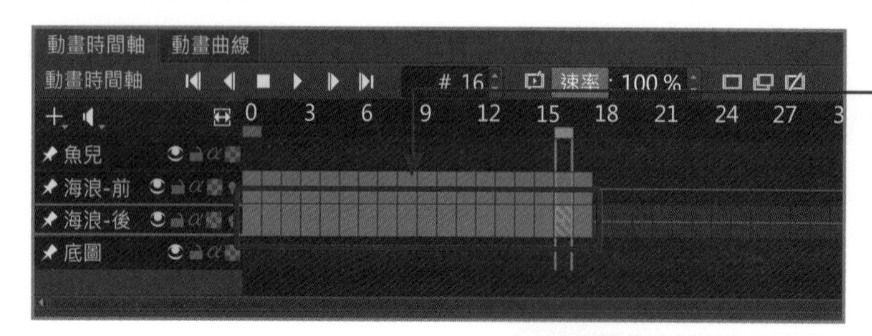

❹ 仿照 P148 ❻ ~ P149 ❾ 技巧，完成【海浪-後】時間軸的影格編輯

編輯魚兒影格

再來設定魚兒從右下方出現，跳到畫面正中央停留一下，準備向大家打招呼吧！

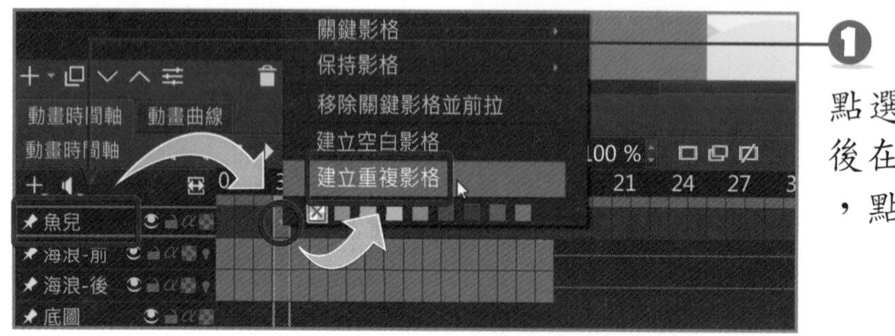

❶ 點選【魚兒】時間軸，然後在第 4 個影格上按右鍵，點選【建立重複影格】

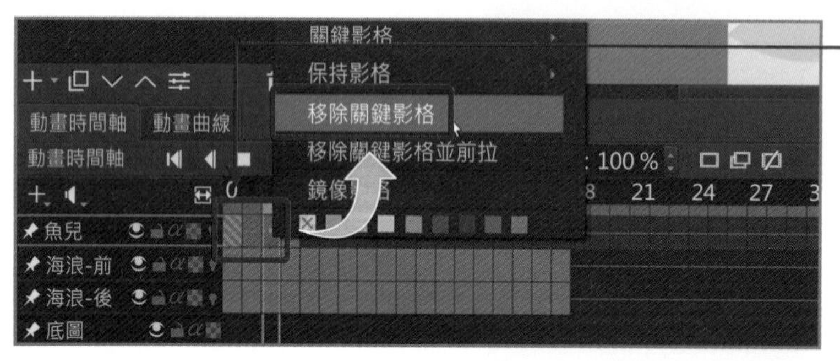

❷ 複選第 1~3 影格後，按右鍵，點選【移除關鍵影格】

【移除關鍵影格】，即可將影格上的影像清空，以該影格的前一影格取代。

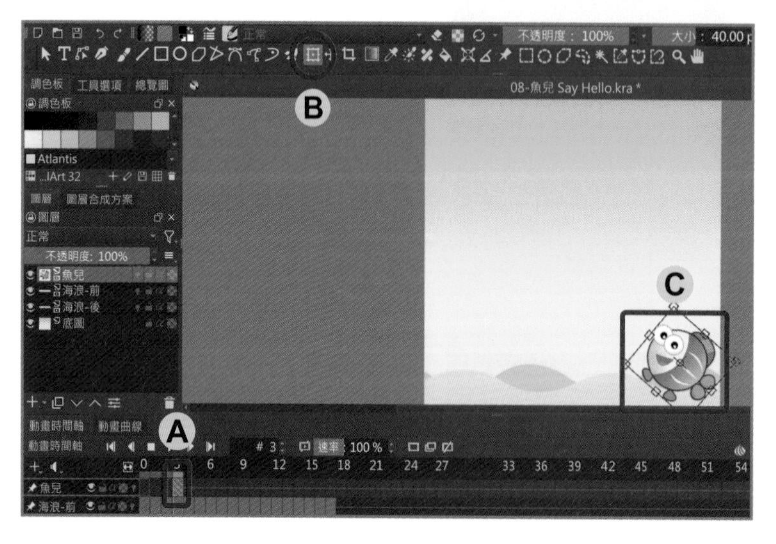

❸ 設定魚兒出現位置：

A 點選第 4 個影格

B 點選 [圖示]

C 拖曳魚兒到右下角，並旋轉約如圖示

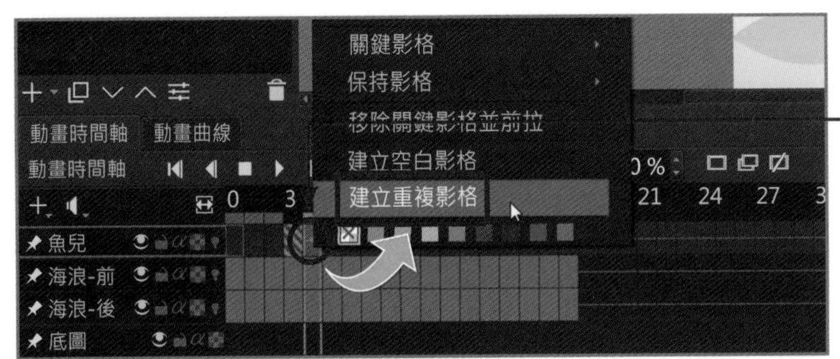

4 點選第5個影格，然後按右鍵，點選【建立重複影格】

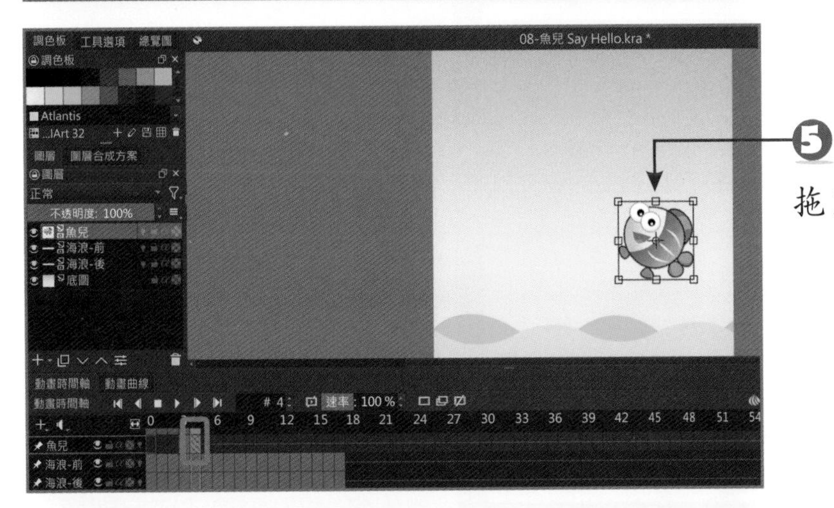

5 拖曳魚兒到圖示位置

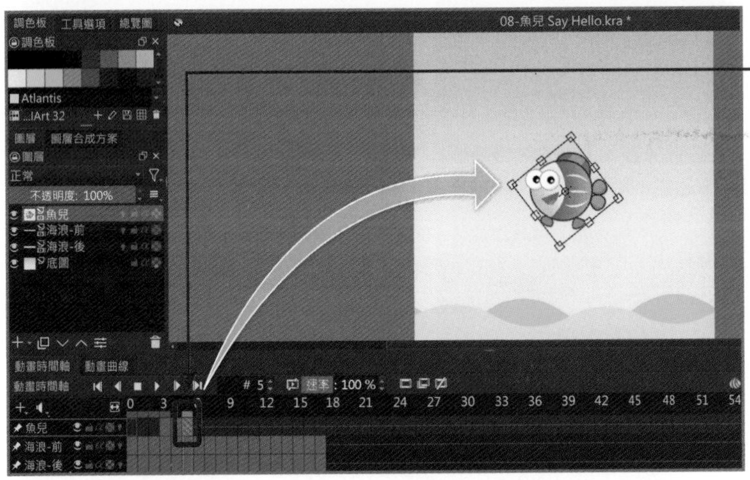

6 點選第6個影格，設定【建立重複影格】後，旋轉、拖曳魚兒到圖示位置

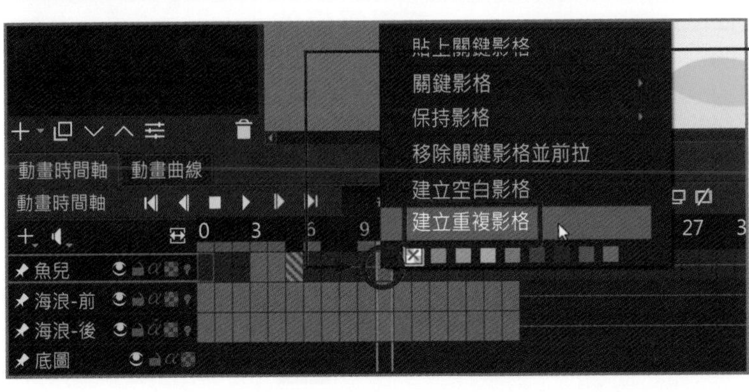

7 點選第11個影格，然後按右鍵，點選【建立重複影格】

將第6 ~11個影格，維持同一個影像沒有動作。

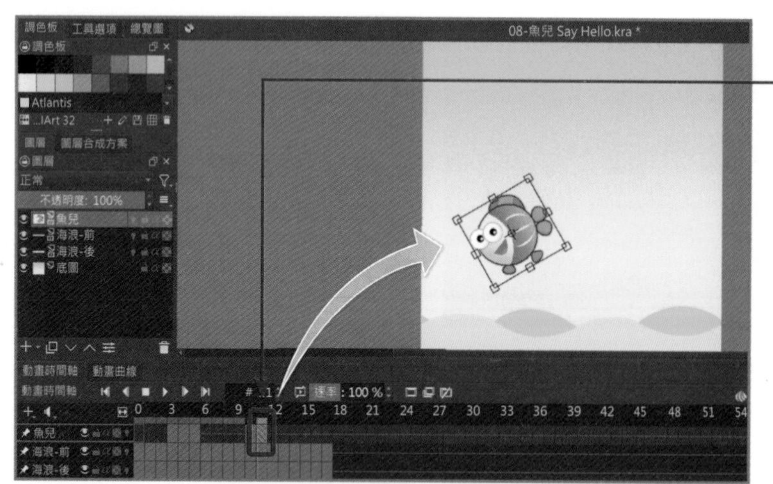

❽ 點選第 12 個影格，設定【建立重複影格】後，旋轉、拖曳魚兒到圖示位置

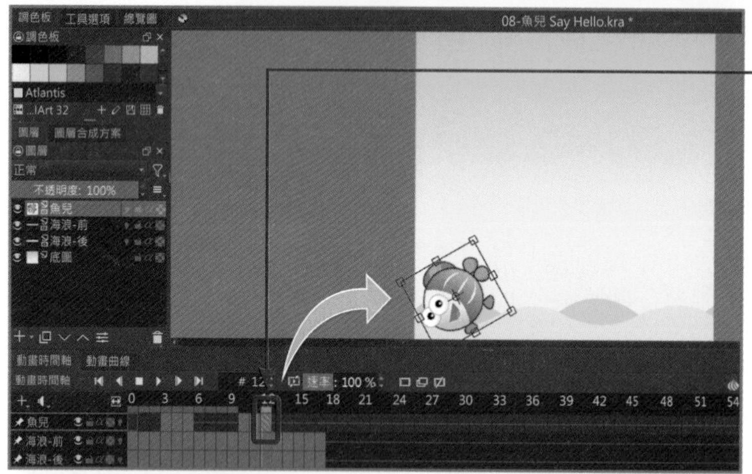

❾ 點選第 13 個影格，設定【建立重複影格】後，旋轉、拖曳魚兒到圖示位置

【建立空白影格】，則該影格 (含) 後的所有影格，都會被刪除。

❿ 點選第 14 個影格，然後按右鍵，點選【建立空白影格】

魚兒在海浪的前面，感覺怪怪的 ...

調整時間軸上下順序

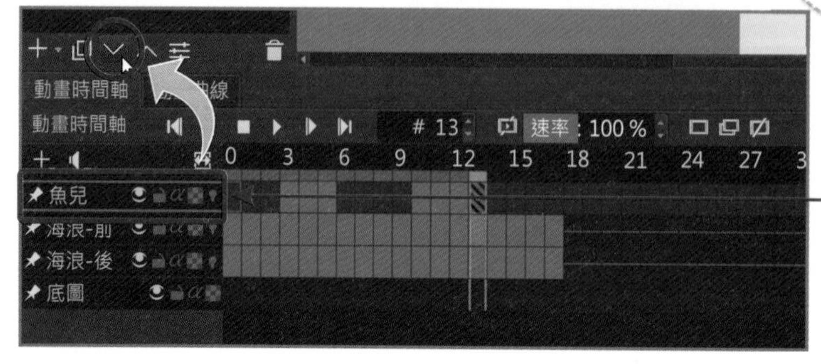

❶ 在【魚兒】時間軸上，按 2 下 ∨

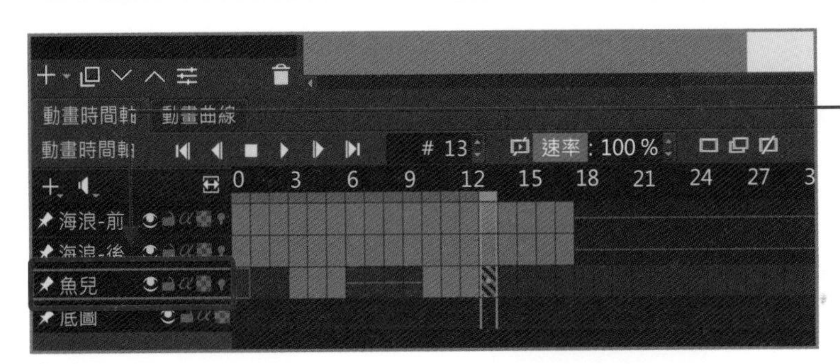

❷

【魚兒】時間軸就會下移到【海浪-後】下方，魚兒影像也會跑到海浪後面囉

新增圖層 (時間軸) 與手繪文字

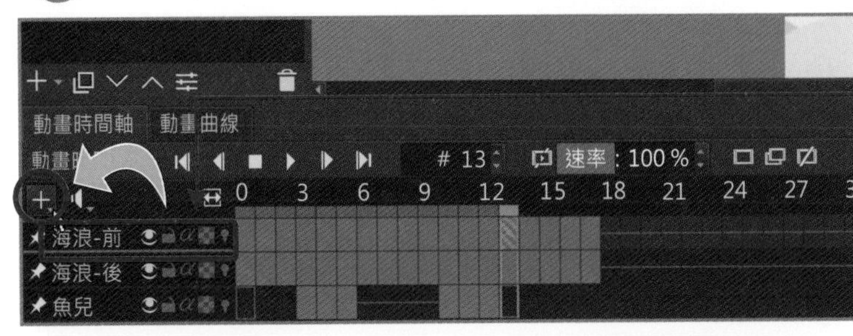

❶

點選【海浪-前】時間軸，然後按1下 ＋

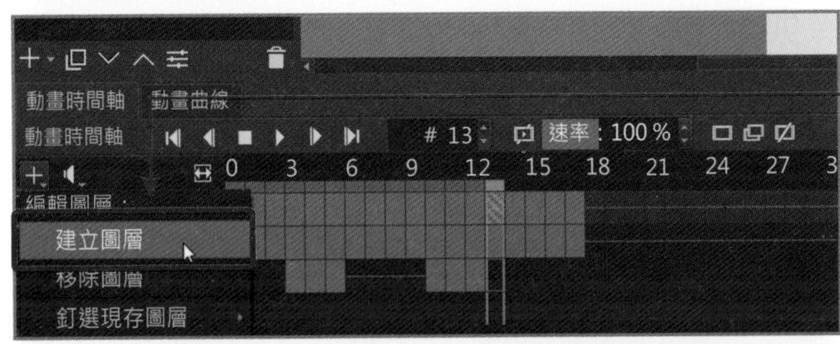

❷

點選【建立圖層】

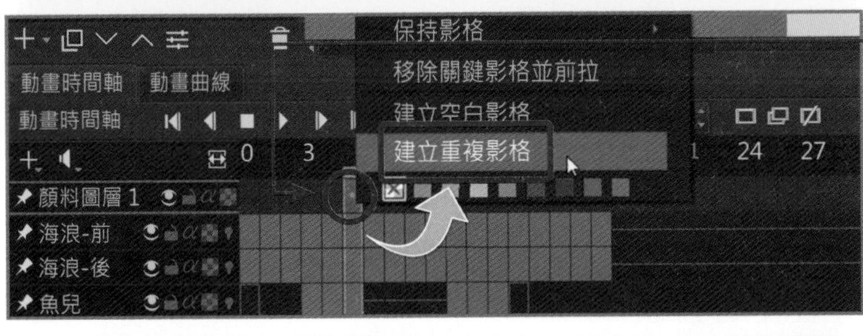

❸

點選新時間軸上的第6個影格，在影格上按右鍵，點選【建立重複影格】

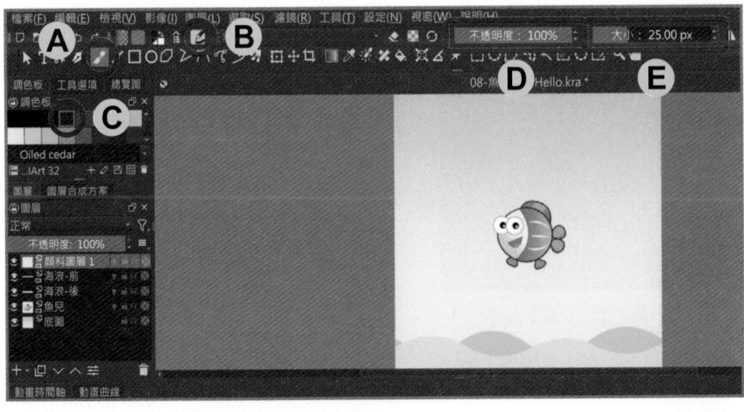

❹

選擇筆刷與設定：

A 點選

B 點選

C 顏色 -

D 不透明度 - 100%

E 大小 - 25.00 px

❺ 接著手寫出文字【Hello !】

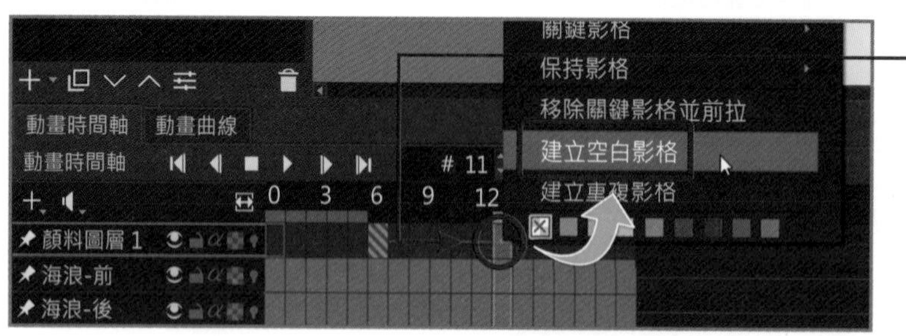

❻ 點選第12個影格，在影格上按右鍵，點選【建立空白影格】

設定播放影格、速率與預覽

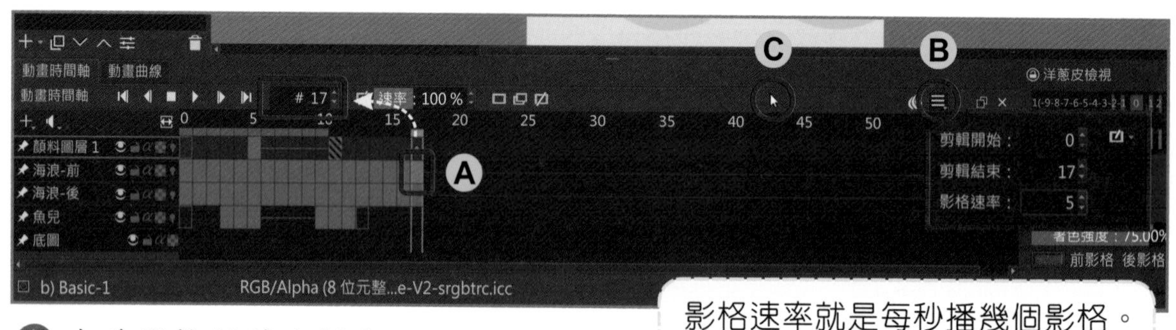

影格速率就是每秒播幾個影格。

❶ 查看影格編號與設定：

A 點選【海浪-前】(或【海浪-後】)最後一個影格，可看到影格編號是 #17

B 接著按1下 ☰，輸入參數：剪輯開始 - 0、剪輯結束 - 17、影格速率 - 5

C 在圖示空白處點 1下，關閉設定面板

❷ 按1下 ▶，即可預覽播放成果 (按 ■ 停止)

練習至此，按【檔案 / 另存為】，儲存一下目前的成果吧！
檔名：08-魚兒 Say Hello-成果　　格式：kra

4 匯出 - GIF 動畫

在 Krita 匯出 GIF 動畫，還需要藉助另一個解碼器 -【FFmpeg】才能完成！讓我們下載、解壓後，再來執行匯出動畫吧！

下載【FFmpeg】

同學們可以到下列網站下載【FFmpeg】的壓縮檔：

本書光碟	校園學生資源網	老師的教學網站
光碟選單→軟體下載	good.eduweb.com.tw	位置：

解壓縮與複製主程式到指定目錄下

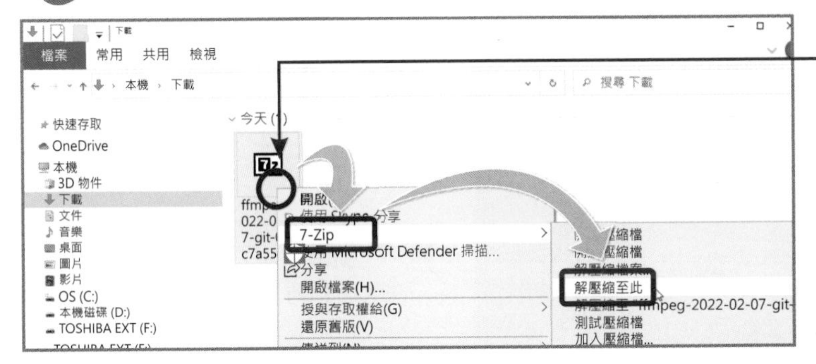

1 下載完成後，開啟儲存資料夾，在檔案上按右鍵，然後點選【7-Zip / 解壓縮至此】

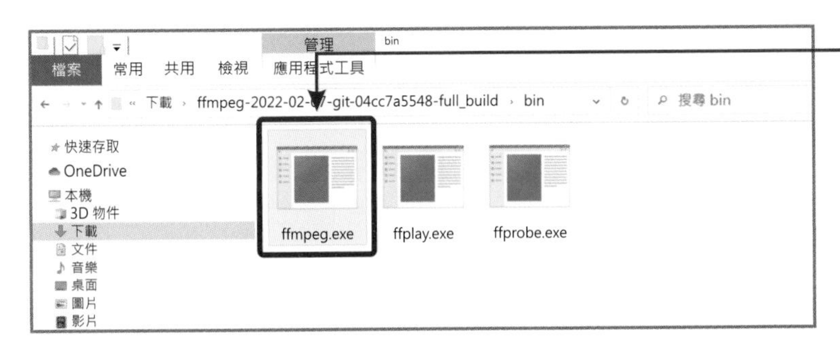

2 開啟解壓縮後資料夾中的【bin】資料夾，接著點選【ffmpeg.exe】檔案，再按 Ctrl + C (複製)

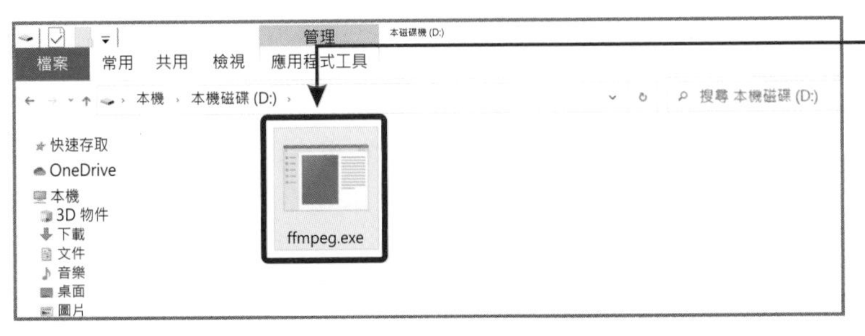

3 開啟路徑相對單純好尋找的資料夾，例如【D】槽。接著按 Ctrl + V ，將主程式貼上

匯出 GIF 動畫

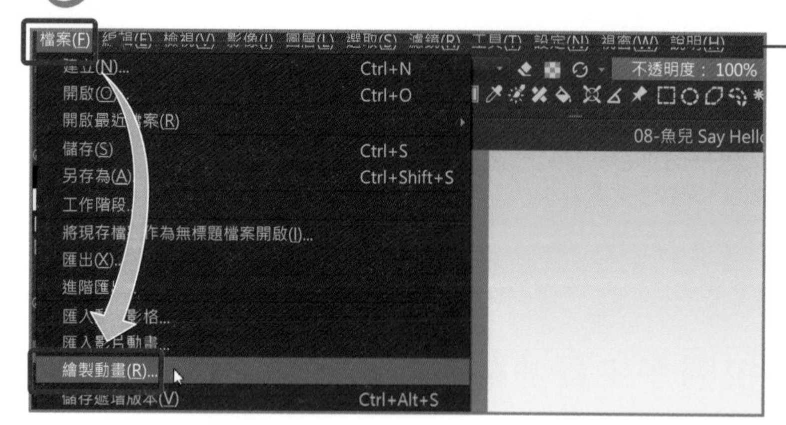

❶

啟動 Krita，開啟上一節完成的成果。然後按【檔案 / 繪製動畫】

> Krita 也可以匯出 .mpeg 格式的影片喔！
> 方法請參考 教學影片！

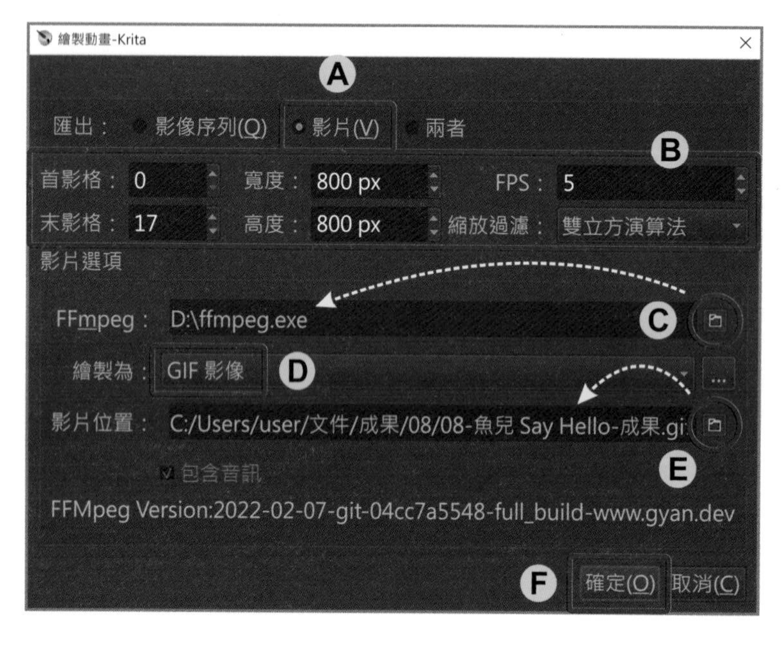

❷

設定：

A 匯出點選【影片】

B 影格、速率等，除非有需要，通常不用更改 (因在 P154 ❶ 已設好)

C 按 ，指定 ffmpeg.exe (例如【D:\ffmpeg.exe】)

D 繪製為點選【GIF 影像】

E 按 ，指定儲存資料夾

F 最後按【確定】，就會開始匯出 GIF 動畫囉！

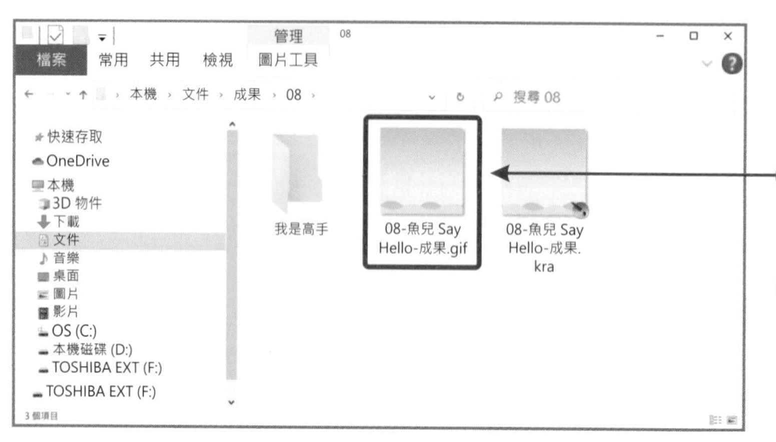

❸

開啟儲存資料夾，點 2 下 GIF 格式檔案

4 就會自動用電腦預設程式(例如【相片】)播放動畫囉！

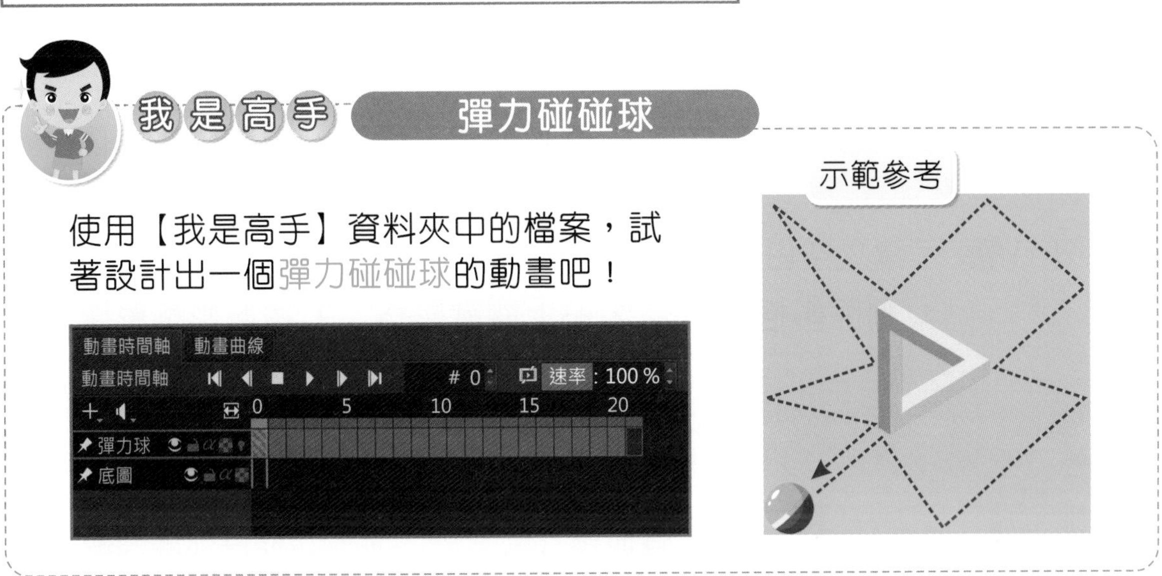

我是高手 彈力碰碰球

使用【我是高手】資料夾中的檔案，試著設計出一個彈力碰碰球的動畫吧！

練習至此，你已學會用 Krita 做影像處理、合成、畫圖與製作動畫囉！發揮巧思、善用工具，你就是繪圖小達人！

( ) 1 下面哪個是構成動畫的原理？

1. 轉動眼球　2. 視覺暫留　3. 左看右看

( ) 2 想轉換到動畫編輯介面，要按 ，然後點選？

1. Animation　2. Default　3. Minimal

( ) 3 【建立重複影格】可以？

1. 刪除影格影像　2. 貼上關鍵影格　3. 複製影格影像

( ) 4 【建立空白影格】可以？

1. 刪除影格影像　2. 貼上關鍵影格　3. 複製影格影像

進階練習圖庫　動畫用小圖案

在本課的【進階練習圖庫】，有很多【動畫用小圖案】提供你練習喔！

影像加油站　常用快速鍵與筆刷資源包

常用快速鍵

功能	快速鍵	功能	快速鍵
開啟檔案	Ctrl + O	筆刷工具	B
新建檔案	Ctrl + N	筆刷大小	{ 縮小　} 放大
儲存檔案	Ctrl + S	不透明度	I 透明　O 不透明
另存檔案	Ctrl + Shift + S	橡皮擦	E
復原	Ctrl + Z	擷取顏色	Ctrl + 左鍵點選
複製	Ctrl + C	填充工具	F
貼上	Ctrl + V	填前景色	Shift + Backspace
剪下	Ctrl + X	填背景色	Backspace
群組	Ctrl + G	複製圖層	Ctrl + J
解除群組	Ctrl + Alt + G	新增顏料圖層	insert
放大畫面	+ 或往前滾動滾輪	旋轉畫面	Shift + 按住滾輪 + 移動滑鼠
縮小畫面	- 或往後滾動滾輪		
移動畫面	按住滾輪 + 移動滑鼠	轉正畫面	5

筆刷資源包

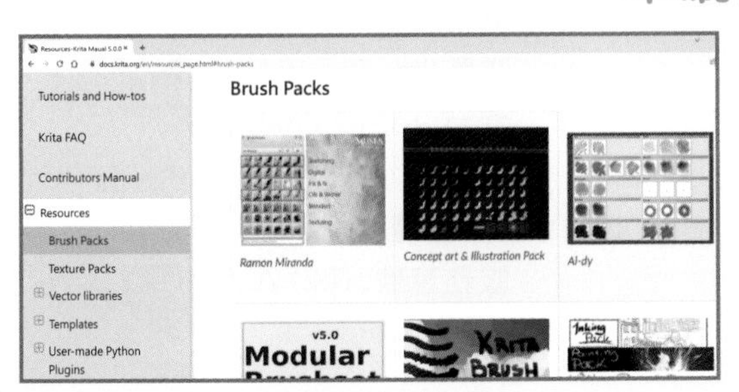

在 Krita 官網，還有很多筆刷資源包可以下載！將它們加入 Krita 的資源庫，就會有更多筆刷可以使用喔！如何下載與使用，請參考 教學影片。

Krita 繪圖小達人

圖書編號：SA44
ISBN：978-626-95017-3-1

作　　者：小石頭編輯群・夏天工作室
發 行 人：吳如璧
出 版 者：小石頭文化有限公司
Stone Culture Company
地　　址：臺北市內湖區康寧路三段22-1號2樓
電　　話：(02) 2630-6172
傳　　真：(02) 2634-0166
E - mail：stone.book@msa.hinet.net
郵政帳戶：小石頭文化有限公司
帳　　號：19708977

致力於環保，本書原料和生產，均採對環境友好的方式：
・日本進口無氯製程的生態紙張
・Soy Ink 黃豆生質油墨
・環保無毒的水性上光

國家圖書館出版品預行編目(CIP)資料

定價 249 元 • 2022 年 04 月 初版

Krita 繪圖小達人
小石頭編輯群・夏天工作室 編著
-- 臺北市：小石頭文化，2022 .04
面；　公分
ISBN 978-626-95017-3-1 (平裝)
1. CST : 電腦教育　　2. CST : 電腦繪圖
3. CST : 初等教育
523.38　　111004217

書局總經銷：
聯合發行股份有限公司
電話: (02) 2917-8022

學校發行：
校園文化事業有限公司
電話: (02) 2659-8855

零售郵購：
服務專線: (02) 2630-6172